débats
collection dirigée par
michel delorme

lectures de
derrida

# DU MÊME AUTEUR

*L'Enfance de l'Art,* une interprétation de l'esthétique
freudienne, Payot, 1970.
*Nietzsche et la métaphore,* Payot, 1972, Galilée, 1983.
*Camera obscura,* de l'idéologie, Galilée, 1973.
*Quatre romans analytiques,* Galilée, 1974.
*Autobiogriffures,* Christian Bourgois, 1976.
*Aberrations,* le devenir-femme d'Auguste Comte, Aubier-
Flammarion, 1978.
*Nerval, le charme de la répétition,* L'âge d'homme, 1979.
*Nietzsche et la scène philosophique,* « 10/18 », UGE,
1979.
*L'énigme de la femme,* la femme dans les textes de Freud,
Galilée, 1980.
*Le respect des femmes,* Galilée, 1982.
*Comment s'en sortir ?,* Galilée, 1983.
*Un métier impossible,* Galilée, 1983.
« Vautour rouge » in *Mimesis des articulations,* Aubier-
Flammarion, 1975.
« La mélancolie de l'art » in *Philosopher,* Fayard, 1980.
« Sacrée nourriture » in *Manger,* Yellow Now, 1980.

# sarah kofman

# lectures de derrida

éditions galilée

9, rue linné
75005 paris

# UN PHILOSOPHE « UNHEIMLICH » *

Heimlich : *faisant partie de la maison, pas étranger, familier, apprivoisé, intime, confidentiel, ce qui rappelle le foyer, etc.*

*Rappelant l'intimité, la familiarité du foyer; éveillant un sentiment de bien-être paisible, etc., de repos confortable et de sûre protection comme celle qu'offre la maison confortable et enclose.*

*Secret, tenu caché.*

Unheimlich : *faisant naître une terreur pénible, angoissante, inquiètement étrange.*

*On appelle « unheimlich » tout ce qui devrait rester secret, caché et qui se manifeste.*

Freud, *Das Unheimliche*

*Le texte* affirme *le dehors [...]. S'il n'y a rien hors du texte, cela implique, avec la transformation du concept de texte en général, que celui-ci ne soit plus le dedans calfeutré d'une intériorité ou d'une identité à soi (...), mais une autre mise en place des effets d'ouverture et de fermeture.*

J. Derrida, *Hors livre, (La Diss., p. 42)*

*« L'économie abusive » de la différence (déscelle) les oppositions de l'impropre et du propre (ou du proche), les valeurs de propriété en général, de monument, de garde et de sépulture (oikos, oikésis) : mais aussi du même coup, pratiquement, cette démarche brise, fracture ou viole la loi du propre, la clôture de l'économie restreinte et circulante [...]. Effondrement du propre dans toutes les régions où il se produit.*

J. Derrida *(Entretien avec L. Finas, in Quinzaine littéraire)*

* Première version in *Écarts* (Fayard, 1973) en collaboration avec L. Finas, R. Laporte, J.M. Rey. Cette deuxième édition comprend de nombreuses notes supplémentaires.

# L'opération de la greffe

« *Tout discours (logos) doit être constitué à la façon d'un être animé : avoir un corps qui soit le sien, de façon à n'être ni sans tête ni sans pieds, mais à avoir un milieu en même temps que deux bouts.* »

Platon, *Phèdre, 264e*

« *Risque encouru par le logos, de perdre par écriture, et sa queue et sa tête.* »

J.D., *La pharmacie de Platon (La Dis., p. 89)*

« *La dissémination généralise la théorie et la pratique de la greffe sans corps propre et du biais sans front.* »

J. D., *Hors livre, (La Dis., p. 17)*

« *En foule, la terre fit germer des tempes sans nuque,
Des bras rôdaient, nus, veufs d'épaule
Et des yeux erraient, solitaires, frustrés de front.* »

Empédocle

« *Je pose en terme de* presse manuelle, *la question d'une machine d'écriture qui devrait faire basculer tout l'espace du corps propre dans l'entraînement sans limite des machines de machine et donc de machine à main coupée.* »

J. D., *Tympan (Marges, p. XXI)*

« *S'agissant d'écorché, il y a au moins deux leçons d'anatomie, comme il y a deux labyrinthes et deux villes. Dans l'une d'elles, dissection du cerveau, la tête du chirurgien reste invisible. Elle paraît coupée d'un trait par le peintre...* »

J. D., *Tympan,* XVII *(Marges, p.* XVII)

« **Des membres épars, une tête coupée, une main détachée du bras [...], des pieds qui dansent tout seuls [...] voilà ce qui en soi a quelque chose de particulièrement inquiétant, surtout lorsqu'il leur est attribué une activité indépendante. C'est de la relation au complexe de castration que provient cette impression particulière.** »

Freud, *L'inquiétante étrangeté*
*(Das Unheimliche)*

Écrire sur J. Derrida semble une entreprise audacieuse : de lui, d'autres textes, décisifs, peuvent paraître qui viendront transformer, du moins par leur simple adjonction, un corpus encore inachevé. La mort seule, ainsi le veut la tradition, légitime le commentaire, la critique de textes élevés alors à la dignité d'une œuvre dont il devient licite de faire le relevé des thèmes et des thèses.

Mais sur Derrida il n'est pas question d'écrire une thèse. Ni aujourd'hui ni demain. Quels qu'ils soient, les textes ultérieurs ne permettront pas la constitution d'un Livre, totalité finie et naturelle qui enfermerait un signifié immuable et définitif dans un volume clos : identité du signifié garantie par l'identité de l'auteur, par la mort, enfin acquise. A une telle conception du livre et à la protection qu'elle offre, J. Derrida oppose l'étrange et inquiétante « disruption de l'écriture », « son énergie aphoristique » (*Gramm.*, pp. 30-31). Au livre il oppose le texte, notion qui fait bouger l'idée traditionnelle de *corpus*. Plus de corpus propre à un auteur. La spécificicité du texte comme écriture réside dans l'effacement du nom propre, dans l'absence de paternité : l'écriture est toujours déjà orpheline, toujours déjà parricide (*cf. Pharmacie, Dis.*, p. 86 et *Gramm.*, pp. 159, 164). La possibilité de la mort de « l'auteur » est inscrite dans la structure itérative de l'écriture, coupée par là même de toute responsabilité de la conscience comme autorité absolue. Est écriture ce qui peut fonctionner dans la répétition scindée d'un vouloir-dire originel et de tout contexte contraignant (*cf. Signatures... Marges*, p. 381). « Tout graphème est d'essence testamentaire » (*Gramm.*, p. 100) : il n'est donc pas besoin d'attendre la mort empirique de « l'auteur » pour se plier à l'économie de son texte. Au contraire. La mort empirique produit le leurre d'un corpus achevé, d'une belle totalité, dissimule la mort qui opère toujours déjà dans le texte. Texte-tissu qui se referme sur celui qui a tissé la toile. Texte-piège qui toujours déjà négocie avec la mort. La signature est un leurre supplémentaire. Mais, parce qu'elle peut être imitée, répétée, parce qu'écriture, elle ne livre qu'un simulacre d'identité[1]. Le texte est comme un linceul où s'entrecroisent mille fils de provenance diverse. Tissu de différences, il est toujours hétérogène. Sans identité propre, ouvert sur son dehors. A la conception platonicienne du corpus, J. Derrida oppose un corps sans parties propres ni hégémoniques constitué de greffes : sans corps principal. La logique du texte est alogique : logique du graphe ou de la greffe qui efface l'opposition du dehors et du dedans, du même et de l'autre. L'opération textuelle est celle d'une greffe généralisée dont le mouvement infini n'a pas plus de commencement que de fin absolus. L'écriture du texte est « toujours consumée dans la lecture d'autres textes ». (*Positions*, p. 11.) La logique de la greffe obéit à la « graphique de la supplémentarité » (*cf. Gramm.*, p. 235). Le supplément n'est pas une extériorité simple, une pure addition comme veut le faire croire la

---

1. Pour tout ceci et en particulier la métaphore de l'araignée *cf. Qual Quelle*, (*Marges*, p. 331).

tradition métaphysique qui annule l'addition en la réduisant à être seulement addition : le supplément s'ajouterait alors à une présence pleine, autosuffisante, venant du dehors comme un mal dont l'autre nom est la mort. La « logique » du supplément qui met fin à celle de l'identité veut que « le dehors soit dedans, que l'autre et le manque viennent s'ajouter comme un plus qui remplace un moins, que ce qui s'ajoute à quelque chose tienne lieu du défaut de cette chose, que le défaut comme dehors du dedans soit déjà au-dedans du dedans » (*Gramm.,* p. 308). Étrange structure du supplément qui produit à retardement ce à quoi il est censé s'ajouter. Ce qui semble en marge du corps propre, en bas ou rejeté à la fin, et qui ouvre sur le dehors, est parfois plus important que le texte dit principal (*cf. Double séance, Diss.,* p. 230). La supplémentarité textuelle disloque tout propre, toute propriété (*cf. Double séance,* p. 286). Tout texte est ouvert sur un autre texte, toute écriture réfère à une autre écriture, est toujours déjà entamée, entaillée : nulle part une « semence textuelle et un principe de vie ne renvoyant qu'à lui-même » (*Double séance,* p. 231). La greffe généralisée gomme la distinction du texte et du « hors-texte ». Rien avant ou en dehors du texte. Circulation infinie des textes qui passent les uns dans les autres parce que la structure du supplément implique qu'un supplément de supplément est toujours possible, nécessaire : le mouvement de la supplémentarité n'est pas accidentel, il est lié à l'essence de l'idéalité comme possibilité du double et de la répétition.

Tous les écrits de J. Derrida produisent la théorie de la greffe textuelle et mettent en jeu une telle pratique : « Écrire veut dire greffer [...]. La greffe ne survient pas au propre de la chose. Il n'y a pas plus de chose que de texte original » (*Diss.,* p. 395).

*La Dissémination* où le titre capital n'est lui-même

qu'un greffon, est peut-être le meilleur paradigme d'une telle écriture.

La pratique de la greffe transforme le texte en un tissu de « citations » : les textes insérés sont mis en mouvement, ébranlés, sollicités : « Écrire insertion, mot qui opère ici avec toute son énergie et selon tous ses possibles (insérer une greffe sous l'écorce) [...]. Par extension, introduire dans un texte, dans un registre [...] pour marquer l'effraction du théâtre dans le livre, de l'espacement dans l'intériorité » (*Double séance,* p. 264). Les textes prélevés et insérés ne constituent ni des collages ni des illustrations. Le texte n'existe pas sans ces greffons « qui ne se lisent eux-mêmes que dans l'opération de leur réinscription ». Le corps du texte prolifère par l'insémination de l'allogène : contaminé par le dehors il régénère : « Chaque texte greffé continue d'irradier vers le lieu de son prélèvement, le transforme aussi en affectant le nouveau terrain [...]. Enté en plusieurs lieux, chaque fois modifié par l'exportation, le scion en vient à se greffer sur lui-même. Arbre finalement sans racine » (*Diss.,* pp. 395, 396).

Ce texte à propos de *Nombres* de Sollers, qui, par l'hétérogénéité des écritures portée au comble, dit en abîme « ce qu'est » l'écriture : « L'écriture est nombreuse ou elle n'est pas. »

Ouvert ainsi, en droit, sur tous les textes, de tous temps, de tout genre, chaque texte a une épaisseur infinie. Hybride à la nature indécidable. Les écrits de Derrida croisent des textes dits « littéraires », des textes dits « philosophiques », les textes psychanalytique, sociologique, linguistique, religieux, d'autres encore, inclassables (*cf. Positions,* p. 93). Comme l'écriture, le texte de J. Derrida est atopique, hors catégorie, hors la loi, bâtard. Dans la scène d'écriture du *Phèdre,* qui est une scène *d'exposition,* le dieu Thamous-Amnon déclare illégitime l'enfant-écriture exposé par le père, Thot :

condamné en conséquence à l'errance, à l'exil. Pharmakos, juif.

L'opération de la greffe, qui écarte le propre de lui-même, lève toutes les protections dont s'entourait la métaphysique pour résister à la contamination du dangereux dehors, du poison qu'est l'écriture. En prélevant un membre textuel et en l'insérant dans un autre contexte, la greffe rompt la limite entre le dedans et le dehors d'un contexte. Limite que la métaphysique voulait à tout prix conserver : l'opposition du dedans et du dehors est constitutive de la logique de l'identité, de la logique. Parce que cette opposition est « accréditée comme la matrice de toute opposition » (*Pharmacie,* p. 117), le geste « inaugural » de la logique est de mettre le dehors dehors. Ainsi Platon, afin de conserver la pureté du logos, vivant bien organisé, ayant tête et queue, projette dans l'écriture, véritable bouc émissaire, tout le mal d'extériorité. Or cet extérieur est « un supplément dangereux qui entre par effraction dans cela même qui voudrait s'en passer et le violente ». Non-identité à soi du pharmakon qui lui permet d'être à la fois dedans et dehors. Conjonction des opposés dans le pharmakon qui ouvre « la possibilité de l'opposition sans s'y laisser comprendre », la possibilité d'une différence entre le dehors et le dedans. Conjonction oblitérée par une série de processus défensifs : clivage, projection, expulsion. La cérémonie du pharmakos dans la cité est l'écho bruyant de cette cérémonie plus secrète qui se joue sur une autre scène. Dans les deux cas, il s'agit de décider, de trancher entre le bon et le mauvais, le dedans et le dehors, de refuser l'ambivalence indécidable ; d'expulser le mal pour réparer le bon objet, restaurer le bon sens, l'intégrité du corps propre menacé, « le bon ordre de la pharmacie et de l'intériorité domestique » : de peur d'être empoisonné, contaminé, souillé, morcelé.

Dès lors il n'est pas étonnant de voir renaître des angoisses archaïques à la lecture des écrits de J. Derrida : de les voir rejeter en bloc, jugés incompréhensibles, illisibles, exilés en quelque sorte, mis à l'écart. Comme Socrate, lui aussi atopique, individu d'espèce démonique, certains aimeraient condamner Derrida à boire le poison. Angoisses devant l'inquiétante étrangeté de l'écriture : devant le double et la répétition originaires, devant « les revenants ». Les opérations de prélèvements et de greffes citationnelles sont possibles seulement parce qu'il appartient à la structure même du signe, de la marque, d'être remarquée, doublée, transportée, citée dans un autre lieu que le sien : « Chaque ''signe'' est une unité d'itérabilité, séparable d'un contexte interne ou externe, séparable d'elle-même en tant que l'itérabilité même qui constitue leur identité ne leur permet jamais d'être une unité d'identité à soi. » « Sans cette possibilité qui est aussi l'itérabilité générale et généralisatrice de toute marque, il n'y aurait pas d'énoncé. » (*Signature... Marges,* pp. 378-379.)

« Tout signe, linguistique ou non, peut être *cité*, mis entre guillemets ; par là il peut rompre avec tout contexte donné, engendrer à l'infini de nouveaux contextes de façon absolument non saturable. Cela ne suppose pas que la marque vaut hors texte, mais au contraire qu'il n'y a que des contextes sans aucun centre d'ancrage absolu. Cette citationnalité, cette duplication ou duplicité, cette itérabilité de la marque n'est pas un accident ou une anomalie, c'est ce [...] sans quoi une marque ne pourrait même plus avoir de fonctionnement dit ''normal''. » (*Ibidem* p. 381.)

Le signe est séparable du contexte parce que toujours déjà séparé de lui-même, marqué par la trace de l'autre, différant toujours de soi. L'écriture est la différence, l'espacement originaire de soi avec soi : « C'est d'abord l'espacement comme disruption de la présence dans la marque [...] que j'appelle ici écriture. » (*Ibidem.*, p. 390.) L'écriture comme écart originaire est la condition de toute coupure, de toute désarticulation. Dans l'écriture au sens restreint, les barres, les traits, les tirets, les points, les chiffres, les guillemets, les blancs, marquent en silence l'espacement constitutif de l'écriture en général.

# Un philosophe inouï

« *Oreille ; [...] organe distinct, différencié, articulé, qui produit l'effet de proximité, de propriété absolue, l'effacement
idéalisant de la différence organique. C'est un organe dont la
structure [...] produit le leurre apaisant de l'indifférence organique.* »

(*Tympan*, X)

« *Valeur idéalisante du* très proche *qui elle-même ne reçoit
ses pouvoirs déconcertants que de la structure du s'entendre-
parler.* »

(*Tympan*, XII)

« *Le* proprius, *présupposé dans tous les discours sur l'économie, la sexualité, le langage, la sémantique, la rhétorique etc.,
ne répercute sa limite absolue que dans la représentation
sonore.* »

(*Tympan*, XIII)

*L'autorité de la voix*

Corps morcelé, atopique, décentré, bousculant sens dessus dessous le logos traditionnel, tel serait le texte derridien. Comment se risquer à écrire un discours sensé sur une écriture qui se donne comme un jeu insensé?

Écrire sur Derrida mais sans chercher à comprendre ce qu'il a voulu dire ni ce que ses textes donnent à entendre. Parce qu'elle accomplit le meurtre de l'auteur comme père, qu'elle met fin à l'idée d'un corps propre, la greffe généralisée interdit de s'interroger sur le *sens*. Derrida ne s'adresse pas à l'entendement, aux oreilles habituées à l'écoute du logos paternel. De telles oreilles, il crève les tympans. Philosophant, avec Nietzsche, à coups de marteau, il tympanise la philosophie logocentrique qui voudrait entendre la voix de la vérité, au plus proche d'elle-même, dans l'intimité. Complicité entre le logocentrisme, le privilège de l'ouïe et de la voix, la métaphysique de la présence, de l'être conçu comme présence : « Présence de la chose au regard comme *eidos*, présence comme substance, essence, existence (*ousia*), présence temporelle comme pointe [...] du maintenant ou de l'instant [...],

présence à soi du cogito. » (*Gramm.*, p. 23)[1]. « Proximité
de la voix et de l'être, de la voix et du sens de l'être, de la
voix et de l'idéalité du sens. » (*Ibidem.*, p. 23.)

Complicité du logophonocentrisme et du phallocentrisme : la voix de la vérité est toujours celle de la loi, de
Dieu, du père. Virilité essentielle du logos métaphysique[2].
L'écriture, forme de disruption de la présence, comme la
femme, est toujours abaissée, ravalée au dernier rang.
Comme les organes génitaux féminins, elle inquiète,
méduse, pétrifie. *Die Heimliche* est l'un des mots alle-
mands équivalent de *Geheimnis* pour dire les parties
secrètes du corps, les *pudenda*. Or, beaucoup d'hommes
devant les organes féminins éprouvent une inquiétante
étrangeté, un effet d'*Unheimlichkeit*. Pourtant, dit
Freud, cet étrangement inquiétant « est l'orée de l'anti-
que patrie des enfants, de l'endroit où chacun a dû
séjourner d'abord[3] ».

La « logique » du graphe implique donc de philosopher « à perte de vue et de voix », à oser regarder la
femme sans peur d'être aveuglé ou paralysé[4]. A accepter
le passage originaire et nécessaire par le ventre maternel.
Par l'écriture.

*La voix et le Phénomène* (petit texte auquel Derrida
déclare tenir plus particulièrement[5]) pose d'une façon
décisive « la question du privilège de la voix et de l'écriture phonétique dans ses rapports à toute l'histoire de
l'Occident telle qu'elle se laisse représenter dans l'histoire
de la métaphysique et dans sa forme moderne la plus critique, la plus vigilante : la phénoménologie transcendantale

1. *Cf.* aussi pp. 27,71,117,139.
2. *Cf. Violence et métaphysique*, E. et Dif., p. 228, note 1.
3. *L'inquiétante étrangeté*, p. 199, N.R.F.
4. La complicité de la femme et de l'écriture est davantage explicitée par
Derrida dans des textes à paraître prochainement. *Note de la deuxième édition,*
*cf.* en particulier *Glas* (Galilée 1974) et *Eperons,* les styles de Nietzsche, Flammarion 1978.
5. *Cf. Positions*, p. 13.

de Husserl[6] ». Ce texte analyse comment chez Husserl le sens s'exprime dans un vouloir-dire qui n'est qu'un vouloir se dire de la présence du sens (*cf.,* p. 34). Le motif de la présence pleine, intuitionniste, commanderait téléologiquement toute la description husserlienne du discours. L'originalité de sa conception du vouloir-dire serait barrée par le télos de la vision intuitive (*cf.,* p. 109). Cette téléologie plus ou moins explicite l'empêcherait de tirer les conséquences que Derrida tire à partir des mêmes prémisses : de la distinction entre l'intention du vouloir-dire qui peut toujours fonctionner à vide et de son remplissement « éventuel » par l'intuition de l'objet, de la distinction entre le remplissement par le sens et le remplissement par l'objet, de l'autonomie du vouloir dire au regard de la connaissance intuitive, Derrida conclut que le « francparler » a sa norme dans l'écriture et le rapport à la mort. L'anonyme, l'impropriété du « je écris » est, contrairement à ce que dit Husserl, la situation « normale » : l'écriture double toujours déjà la parole en l'animant : la téléologie intuitionniste de la phénoménologie interdirait à Husserl de le voir.

Le vouloir-dire du sens se dit au plus près de soi dans l'intimité de l'auto-affection. Il communique avec le vouloir-s'entendre parler dans la proximité de soi à soi dont la voix paraît détenir le privilège. Voix vive qui serait sans différence, sans écriture : voix morte. La voix privilégiée par Husserl n'est pas la voix physique, la substance sonore, mais la voix phénoménologique, transcendantale, qui continue de parler et d'être présente à soi en l'absence du monde. Privilège de la voix, car elle semble être le medium « qui préserve à la fois la *présence de l'objet* devant l'intuition et la *présence à soi*, la proximité absolue des actes à eux-mêmes [...] ». Les paroles semblent

6. *Ibidem.*

27

« ne pas tomber hors de moi, hors de mon souffle, dans un éloignement visible : ne pas cesser de m'appartenir, d'être à ma disposition « sans accessoire ». Ainsi [...] *se donne* le phénomène de la voix [...] ». Transcendance de la dignité de la voix par rapport à toute autre substance signifiante. Transcendance apparente : elle « tient à ce que le signifié qui est toujours d'essence idéale, la *Bedeutung*« exprimée », est immédiatement présente à l'acte d'expression [...]. Le « corps » phénoménologique du signifiant semble s'effacer dans le moment même où il est produit. Il semble appartenir [...] à l'élément de l'idéalité [...]. Cet effacement du corps sensible et de son extériorité est *pour la conscience* la forme même de la présence immédiate du signifié [...]. *Le phénomène se donne comme l'idéalité maîtrisée du phénomène* » (pp. 85 à 87). « Le système du s'entendre-parler à travers la substance phonique qui se donne comme signifiant non-extérieur, non-mondain, non-empirique a dû dominer pendant toute une époque l'histoire du monde, a même produit l'idée du monde à partir de la différence entre le mondain et le non-mondain, le dehors et le dedans, l'idéalité et la non-idéalité, l'universel et le non-universel, le transcendant et l'empirique. » (*Ibidem*.)

Husserl radicalise le privilège de la phoné impliqué dans toute l'histoire de la métaphysique. Derrida fait communiquer ses textes avec ceux d'Aristote, de Rousseau, de Hegel et de bien d'autres : avec ceux aussi de Saussure et d'une certaine linguistique tributaire de la métaphysique du signe. *Le Puits et la pyramide* (*cf.* notamment *Marges*, p. 102) marque comment chez Hegel l'autorité de la voix se coordonne avec tout le système, avec tous les concepts de la dialectique spéculative, entre autres, avec ceux de négativité et d'*Aufhebung*. L'ouïe est le sens le plus idéal, le son est le mode d'expression de l'intériorité, seul il est à la fois idéel et théorique : « Le

concept téléologique du son comme mouvement d'idéalisation, *Aufhebung* de l'extériorité naturelle, relève du
visible dans l'audible, est [...] la présupposition fondamentale de l'interprétation hégélienne du langage [...].
Cette excellence relevante, spirituelle et idéale de la phonie, fait que tout langage d'espace, et en général tout
espacement, reste *inférieur* et *extérieur*. » (*Ibidem.*,
pp. 109-110.) La vibration phonique est l'élément par
excellence de la temporalité, de la subjectivité, de l'intériorisation et de l'idéalisation en général. Le cercle de la
dialectique spéculative, cercle de la vérité, serait un effet
de parole : la voix seule semble accomplir le retour circulaire de l'origine à elle-même, le s'entendre-parler suit un
circuit autonome. Autofellation, auto-insémination.
Valéry, greffé sur Hegel et lu par Derrida, permet d'interpréter le cercle de la vérité comme un leurre de réappropriation et de source rejointe. Le retour à soi est un effet,
la voix n'est qu'un effet[7] produit par la structure d'un
mouvement. Le logocentrisme, la métaphysique de la
présence, le privilège de la voix font partie d'une opération de maîtrise, d'un rêve de réappropriation idéale :
s'approprier toute extériorité, restituer la parole au
régime interne, rompre la différence entre parole interne
et externe, annuler toute coupure, transformer l'hétéro-
affection en auto-affection. Procès d'appropriation qui
serait celui d'une hallucination « normale ».

« L'éthique de la parole est le *leurre* de la présence maîtrisée. » (*Gramm.*, p. 201.) « Quand je [me] parle sans
remuer la langue et les lèvres, je crois m'entendre alors
que la source est autre [...]. Étayée par une histoire très
ancienne traversant tous les relais du rapport à soi (suço-

---

7. « ''Nouveau'' concept d'*effet* qui emprunte ses traits à la fois à l'opposition cause/effet et à l'opposition essence/apparence (effet/reflet), *sans néanmoins s'y réduire.* » *(Positions,* p. 90.)

tement, masturbation, touchant/touché, etc.), cette possibilité de double hallucination « normale » me permet
de me donner à entendre ce que je désire entendre, de
croire en la spontanéité de ce pouvoir qui se passe de tout
le monde pour se faire plaisir. » (*Qual quelle, Marges*,
p. 354[8].)

## La troisième oreille

S'interroger sur ce que les textes de Derrida font entendre, ce serait se livrer à une telle opération de maîtrise et
de réappropriation philosophique : la philosophie peut se
définir par l'essai de « faire résonner en elle son dehors »
*(Tympan)*, de penser son autre pour se le réapproprier et
le manquer par là-même. Ce serait réduire l'opération de
greffe textuelle à un système philosophique. La question
de l'écriture ou de la différance qu'ouvre Derrida, n'est
pas à penser en termes de simple renversement par rapport à l'ordre de la parole. C'est une question inouïe.
Entendue, elle serait à juste titre entendue comme ne voulant rien dire, car elle n'appartient pas au système du
vouloir-dire (*cf. V. et Ph,* p. 116). La question de l'écriture ne s'entend pas, elle s'écrit[9]; elle opère; se grave :
« J'essaie d'écrire la question [qu'est-ce] que vouloir-
dire ? Il est donc nécessaire que, dans un tel espace et gui-

8. Pour l'autoaffection et la division qui toujours déjà la travaille, *Cf.
Gramm.,* p. 235.
9. Ainsi Derrida manque à l'orthodoxie, fait délibérément « une faute
d'orthographe » et écrit « différance » avec un a ; différence entre les deux
voyelles qui ne peut que s'écrire, non s'entendre : « Changement de lettre cal-
culée dans le procès écrit d'une question sur l'écriture. Cette différence entre

dée par une telle question, l'écriture à la lettre ne veuille rien dire. » (*Positions,* p. 23). L'écriture n'est pas l'illustration d'une pensée manifeste ou cachée : « La pensée n'a jamais rien voulu dire hors de son rapport à l'être, à la vérité de l'être tel qu'il est et en tant qu'il est dit. La "pensée" [...] n'a jamais pu surgir ou s'annoncer qu'à partir d'une certaine configuration de *noein, legein, einai* et de cette étrange mêmeté de *noein* et de *einai* dont parle le poème de Parménide. » (*Le supplément de copule, Marges,* p. 218.) Impossible donc de chercher à résumer la pensée de Derrida ni de faire une relève de ses thèmes. La question de l'écriture met fin à une critique thématique « à l'œuvre partout où l'on vise à déterminer *un sens* à travers un texte, à en décider, à décider qu'il est un sens et, qu'il est sens, posé, posable ou transportable comme tel, thème » (*Double séance,* p. 276) [10]. A la conception frontale du thème Derrida oppose la silhouette textuelle ou le biais, le bifax, marqué d'un double jeu. Jeu qui dissèque les mots, les réinscrit dans des séquences qu'ils ne commandent plus. Nulle part un maître-mot qui, dans son intégrité, assurerait d'un sens ou d'une vérité : « L'effet de totalité et de nouveauté ne soustrait pas le mot à la différence et au supplément. » « Elle ne l'exempte pas de la loi du biais » (*Double séance,* p. 289.) La « logique » de l'hymen qui obéit à la loi de l'entre/antre (entre le dehors et le dedans, le voile et le dévoilement) interdit toute recherche de révélation

deux voyelles reste purement graphique : elle s'écrit ou se lit mais ne s'entend pas [...] ; elle se propose par une marque muette, par un monument tacite [...], par une pyramide [...] tombeau du propre, résidence familiale où se produit [...] l'*économie de la mort* : (pierre qui signale) la mort du dynaste [...] » Non sensible à l'ouïe, la différence entre e et a n'est pas pour autant renvoyée à l'intelligibilité, affiliée par nature à l'entendement. Elle est renvoyée à un ordre qui résiste à l'opposition philosophique du sensible et de l'intelligible. *Cf. La différance, Marges,* pp. 4, 5.

10. *Cf.* aussi p. 279, notes 44, p. 280, notes 45, 281, 284.

d'un sens, « un dévoilement sans brisure, un mariage sans différence » (*ibidem.*, p. 293).

Si thèses ou positions sont caractérisées par la ponctualité, inutile d'en chercher dans le texte derridien. Aux thèses, Derrida substitue l'inscription qui déjoue toute position. L'inscription marquant la thèse, la transforme en texte, en un jeu de différences. Pas de position singulière. Le jeu dissémine les positions : « Positions : scènes, actes, figures de la dissémination... » (*Positions,* p. 133). A la ponctualité de la thèse s'oppose le *discours*, « détour obligé par des lieux » (*Parole soufflée, E. et D.,* p. 292).

*A fortiori* est-il impossible d'écrire un Derrida « selon l'ordre des raisons » : « Un tel ordre est aussi en question. » (*Positions,* p. 12.) Impossible encore de s'interroger sur *l'évolution* de « la pensée » de Derrida, de mettre en rapport des textes de « jeunesse » et des textes de la « maturité ». La greffe généralisée impose une tout autre « histoire » qui ne peut plus être entendue comme le développement linéaire, dialectique d'un germe initial. Entre les différents textes n'existent pas des rapports de filiation ou de dérivation, mais de supplémentarité. Les textes sont greffés les uns sur les autres, se font écho, sans qu'il soit possible de trouver un premier texte, un premier germe qui porterait en puissance tous les autres. Rapport en miroir, en abîme, sans fond. A une histoire linéaire est substituée une histoire labyrinthique, sans fil d'Ariane simple. Sans racine, l'arbre derridien est fantastique. Ainsi *La voix et le phénomène,* texte court, parmi les premiers, a un statut difficilement cernable dans des catégories ordinaires : il serait à la fois l'autre face de *L'Origine de la Géométrie,* une note à *La Grammatologie.* Tous les autres écrits de Derrida seraient seulement le commentaire à l'exergue de *La voix et le phénomène* ou un épigraphe ou une préface interminable à un livre non encore écrit, qui ne sera peut-être jamais écrit (*cf. Positions,*

p. 13). En un certain sens, nietzschéen, Derrida n'aura jamais écrit qu'un seul livre, mais qui n'est plus un Livre. « Un bon écrivain n'écrit jamais qu'un seul livre. Tout le reste n'en est que préfaces, esquisses, explications, suppléments : plus d'un très bon écrivain n'a même jamais écrit *son* livre[11]. »

Ainsi l'écriture inouïe de Derrida — l'écriture — interdit toute lecture, toute interrogation traditionnelles : l'effet immédiat serait celui d'une réappropriation métaphysique. Nécessité donc de posséder une troisième oreille ou de luxer l'oreille philosophique et de lire d'une façon oblique (*cf. Tympan,* VII).

11. *Humain trop humain.*

# Le simulacre, le jeu

« *Et c'est ainsi, comme l'artiste et l'enfant, que se joue le feu éternellement actif qui construit et détruit avec innocence, et ce jeu c'est l'Eon qui le joue avec lui-même [...]. Se transformant en terre et en eau, il amoncelle, comme un enfant, des tas de sable au bord de la mer, il les élève et les détruit, de temps à autre, il recommence son jeu. Un instant de satiété, puis le besoin le saisit de nouveau, comme le besoin force l'artiste à créer. Ce n'est pas un orgueil coupable, c'est l'instinct du jeu sans cesse réveillé qui appelle au jour des mondes nouveaux. L'enfant jette parfois son jouet, puis bientôt il le reprend, par un innocent caprice. Mais dès qu'il bâtit, il relie, il assemble et il modèle des formes selon une loi et d'après une stricte ordonnance intérieure.* »

Nietzsche, *La philosophie à l'époque de la tragédie grecque*,
p. 67 (N.R.F.)

« *La neutralité est d'essence négative, elle est la face négative d'une transgression. La souveraineté n'est pas neutre même si elle neutralise, dans son discours, toutes les contradictions ou toutes les oppositions de la logique classique [...]. L'opération souveraine [...] multiplie les mots, les précipite les uns contre les autres, les engouffre dans une substitution sans fin et sans fond dont la seule règle est l'affirmation souveraine du jeu hors sens. Non pas [...] le murmure infini d'une parole blanche effaçant les traces du discours classique mais une sorte de potlatch des signes, brûlant, consumant, gaspillant les mots dans l'affirmation gaie de la mort : un sacrifice et un défi [...]. Aucun des concepts ne satisfait à la demande. Tous se déterminent les uns les autres et en même temps se détruisent ou se neutralisent. Mais on a* affirmé *la règle du jeu ou plutôt le jeu comme règle, et la nécessité de transgresser le discours.* »

J. D., *De l'économie restreinte à l'économie générale*,
*E. et D.*, pp. 402, 403

## Le double geste

Inouïe, l'écriture n'est pourtant pas ineffable. Se taire sur Derrida ou tenir un discours qui relève de la théologie négative est aussi dangereux que de courir le risque, en parlant, d'être soumis à une réappropriation idéalisante. Le discours négatif sur Dieu est une phase de la théologie positive. Pas plus sur Derrida que sur Nietzsche ou sur Bataille il n'est bon de tenir un discours rappelant celui de la théologie ou de l'athéologie négatives : tous les trois *affirment*. Derrida ne nie pas seulement le sens et le centre, il affirme le jeu, la différance (*cf. Ellipse*, E. et D., p. 432). Déconstructeur de la métaphysique, il n'est pas nihiliste. La déconstruction implique un double geste, une double écriture : bifide et dissymétrique, une double science. Un premier geste renverse les hiérarchies métaphysiques, « met bas la hauteur » par la généralisation de l'un des deux contraires, le plus défavorisé par la tradition. Ce geste conserve le vieux nom mais par la généralisation qu'il effectue, en déplace le sens : effet de *paléonymie*. L'autre geste, ou bien réinscrit le vieux nom dans un autre jeu, ou bien fait émerger une notion qui ne se laisse plus plier, soumettre à une relève idéalisante et sublimante. Ces nouvelles marques, par analogie[1], Derrida les appelle des *indécidables*. Ces notions sont « des unités de simulacre » qui résistent à l'opposition philosophique, la désorganisent, sans être pourtant des troisièmes termes, « relèves »[2] des deux opposés. Elles sont plurielles, car aucune n'est à son tour un maître mot ; elles circulent les unes dans les autres, s'ensemençant réciproquement par greffe et insertion, et se prêtent au jeu d'une dissémination indéfinie : toutes ces notions sont « intenables ». Derrida qui les prélève parfois dans d'autres textes, en joue dans un gaspillage sans réserve. Le *pharmacon,* prélevé sur Platon, « n'est ni le remède ni le poison, ni le bien ni le mal, ni le dedans ni le dehors, ni la parole ni l'écriture » ; le *supplément*, prélevé sur Rousseau, « n'est ni un plus ni un moins, ni un dehors ni le complément d'un dedans, ni un accident ni une essence etc. » ; l'*hymen*, prélevé sur Mallarmé, n'est ni la confusion ni la distinction, ni l'identité ni la différence ni la consommation ni la virginité, ni le voile ni le dévoilement, ni le dedans ni le dehors etc. « Le *gramme* n'est ni un signifiant ni un signifié, ni un signe ni une chose, ni une présence ni une absence, ni une position ni une négation : *l'espacement*, ce n'est ni l'intégrité (entamée) d'un commencement ou d'une coupure simple ni la simple secondarité. Ni/ni, c'est à la *fois* ou bien *ou bien*. La *marque* est aussi la limite *marginale, la marche*, etc. En fait, c'est contre la réappropriation incessante de ce travail du simulacre dans une dialectique du type hégélien [...] que je m'efforce de faire porter l'opération critique. » (*Positions*, pp. 58-59.)

1. *Cf. Introduction à l'origine de la géométrie*, pp. 39, 40, 42. Par analogie seulement car indécidable est un « concept négatif qui ne prend sens que par une référence irréductible à l'idéal de décidabilité ».

2. *Relève* : c'est le mot par lequel Derrida traduit ou interprète l'*Aufhebung* hégélienne.

Point commun à ces marques : toutes raturent l'opposition du dedans et du dehors. Par elles, Derrida ni n'excède ni ne transgresse « la clôture de la métaphysique ». Ce serait encore admettre l'opposition simple du dehors et du dedans. Déconstruire la métaphysique ne consiste pas à se placer « au dehors » d'elle ni à faire des partages simples entre les textes. La « limite » entre le métaphysique et le non-métaphysique passe à l'intérieur de chaque texte, et d'une façon spécifique pour chacun d'eux. C'est seulement par le double geste, par une écriture « souveraine » qui affirme le jeu, qu'il est possible, tout en se servant d'une langue grosse d'oppositions métaphysiques, de déjouer, en s'en jouant, la métaphysique.

## Hasard et nécessité

Si, à la lettre, l'écriture ne veut rien dire, elle n'est pas absurde : l'absurdité fait système, en la renversant, avec l'affirmation métaphysique du sens. Ne rien vouloir-dire c'est entrer dans le jeu, « dans le jeu de la différance qui fait qu'aucun mot, aucun concept, aucun énoncé majeur ne viennent résumer et commander, depuis la présence théologique d'un centre, le mouvement et l'espacement textuel des différences [...]. Je me risque à ne rien vouloir dire qui puisse simplement s'entendre, qui soit simple affaire d'entendement. A s'enchevêtrer sur des centaines de pages d'une écriture à la fois insistante et elliptique, imprimant [...] jusqu'à ses ratures, emportant chaque concept dans une chaîne interminable de différences, s'entourant ou s'embrassant de tant de précautions, de

références, de notes, de citations, de collages, de suppléments, ce "ne rien-vouloir-dire n'est pas [...] un exercice
de tout repos". » (*Positions*, pp. 23-24.) Le jeu produit
des effets de sens : pour être entendus comme tels,
comme simulacres, il est nécessaire qu'ils aient été inscrits
non sur la paroi interne de l'oreille mais sur une paroi
plus subtile apte à faire résonner le sens pluridimension-
nellement, à le faire s'écarter de lui-même en tous sens : à
le disséminer. L'effet de sens produit par la « machine
d'écriture » représente une lecture, toujours possible,
d'un texte par « l'auteur » ou le lecteur. Une telle lecture
est, elle aussi, une pièce de la machine (*cf. Tympan*, II).

Le jeu de l'écriture obéit à des règles. La machine
engendre un ordre, une cohérence qui, par simulacre,
mime l'ordre des raisons : ordre inscrit dans une composi-
tion que les « [raisons] ne gouvernent plus » (*Positions*,
p. 12). Sans queue ni tête, insensé, sans centre de référence, le texte parce qu'il est jeu, n'est ni absurde ni inco-
hérent ni « fou ». Livré au hasard d'un premier coup de
dés, il se plie pourtant à une stricte nécessité, celle du jeu
héraclitéen. Chaque texte est un jeu réglé : s'il est greffé à
l'infini sur d'autres textes, il ne renvoie pourtant qu'à sa
propre écriture qui le marque et le différencie de tout
autre. La greffe généralisée n'aboutit pas à la confusion
de tous les textes dans l'indifférence et le désordre. Mettant sens dessus dessous le logos platonicien, le texte derridien, sans méthode, ne suit pourtant pas n'importe quel
chemin : « Toute méthode est une fiction, [...] cela
n'exclut pas une certaine marche à suivre. » (*Double
séance*, p. 303.) Ni hasardeux ni empirique ni volontaire
ni involontaire, il est réglé par une nécessité qui relève
plus de la force d'attraction associative que de la logique
rationnelle. Premier coup de dés : le *titre* qui tient le/les
sens en suspens, en réserve. Semence multiple, toujours
déjà divisée, que l'écriture dissémine en tous sens. Cha-

que coup de dés contruit un jeu, qui est à la fois ouvert et fermé, construction qui est appel à la déconstruction et à la construction d'un nouveau jeu dans l'innocence. Parce que le premier terme n'est pas un germe qui contiendrait en puissance ce que le jeu ferait passer à l'acte, mais enferme sa propre mort, il est toujours déjà appel de supplément : le jeu est indéfini. Le jeu est scandé par des coups, coups de gong, qui marquent l'ouverture d'une nouvelle construction ; coups reliés rythmiquement aux coups précédents dont ils conservent l'écho.

De ce jeu, *Tympan*, est exemplaire. Une lecture rapide pourrait laisser croire que Derrida mène une enquête philosophique de type socratique et cherche à définir *ce qu'est* un tympan, à trouver l'unité d'un divers, d'un tissu pléthorique : tympan renvoie en effet à la fois à une partie naturelle du corps et à de multiples objets artificiels, à une toile tendue, naturelle ou non, à un organe labyrinthique, l'ouïe ; à une figure d'architecture religieuse, à des roues hydrauliques, à des machines de toute sorte « l'une d'elles servant dans les ateliers d'imprimerie à préserver la virginité de la marge et l'immaculée conception du livre ».

De fait il s'agit plutôt pour Derrida de déjouer une telle démarche philosophique, de la tympaniser. Mais s'il ne cherche pas à savoir *ce qu'est* un tympan, il ne se livre pas davantage à une énumération empirique des différentes significations d'un terme : pas plus qu'il n'est Socrate il n'est Ménon ou un interlocuteur quelconque d'un dialogue platonicien. Pourtant les différents sens, tels qu'ils se trouvent dans un dictionnaire, se trouvent cités. Derrida, notamment dans *Tympan*, fait usage fréquent du Littré : usage stratégique. Le recours à l'empirisme est un moyen pour subvertir l'ordre philosophique des raisons. Mais ce n'est là qu'une ruse tactique. « L'ordre du dictionnaire » n'est pas davantage respecté. Une cohérence tout autre que rationnelle, sans être pourtant incohérence empirique, s'impose. Ordre calculé pour déjouer une lecture cursive et consciente telle que la pratiquerait un lecteur qui, de *Tympan*, chercherait uniquement à retenir les « thèses » ou à suivre les discussions théoriques. Ordre rythmique marqué par des coups de « donc » (gong) produisant des effets anagrammatiques qui résonnent sur une autre scène que celles de la conscience. Coups de tympanon, musique dionysiaque. A condition d'admettre que Dionysos est inséparable d'Apollon, le morcellement de l'unification, le hasard de la nécessité : « L'écriture ne peut être dionysiaque de part en part » (*Force et signification, E. et D.,* p. 48). « S'il y a une certaine errance dans le tracement de la différence, elle ne suit pas plus la ligne du discours philosophico-logique que celle de son envers symétrique et solidaire, le discours empirico-logique. Le concept de *jeu* se tient au-delà de cette opposition, il annonce [...] l'unité du hasard et de la nécessité dans un calcul sans fin. » (*La Différance*, p. 7, *Marges.*)

« L'excès aventureux d'une écriture qui n'est pas dirigée par un savoir ne s'abandonne pas à l'improvisation. Le hasard ou le coup de dés qui « ouvrent » un tel texte ne contredisent pas la nécessité rigoureuse de son agencement formel. Le jeu est ici l'unité du hasard et de la règle, du programme et de son reste ou de son surplus. » (*Hors livre*, p. 62.)

« ... Le feu et le jeu étant toujours, Héraclite et Nietzsche l'ont énoncé, le jeu du hasard avec la nécessité, de la contingence avec la loi. Hymen entre la chance et la règle. Ce qui se présente comme contingence et hasard dans le présent de la langue [...] se trouve frappé, retrempé d'un sceau de nécessité dans l'unique d'une configuration textuelle. » (*Double séance*, pp. 309, 310.)

Le jeu de hasard et de nécessité qu'est l'écriture communique avec le jeu de la vie : hasard et nécessité du programme génétique. Derrida joue sur la collusion de pure extériorité qu'il provoque entre *semen* et *semè* (*cf. Positions*, p. 58) : étymologiquement les deux notions sont sans rapport mais elles retentissent anagrammatiquement l'une sur l'autre, se font complices pour entraîner dans la déviance le vouloir-dire. L'écriture est un jet séminal. « L'écriture s'apprête à recevoir le jet séminal d'un coup de dés. [...] Suspens où chacune des six faces garde sa chance quoique prescrite, après coup reconnue telle qu'elle. Hasard selon le programme génétique. Le dé se limite à des surfaces. Désertant toute profondeur, chacune de ses faces est aussi, après coup, tout le dé [...] Personne, ne sachant, avant le coup, qui le déjoue en son échéance, lequel des six dés, chute. » (*D.S.*, p. 317.)

Derrida croise ici Mallarmé : « Blanc séminal d'un coup de dés » ; Bataille : *L'Anus solaire*, par exemple, est une parodie burlesque de la création où les termes copulent entre eux pour aboutir à une éjaculation sans réserve : « Quand je m'écrie : je suis le soleil, il en résulte une érection intégrale car le verbe être est le véhicule de la frénésie amoureuse [...] et si l'origine n'est pas semblable au sol de la planète paraissant être la base mais au mouvement circulaire que la planète décrit autour d'un centre mobile, une voiture, une horloge ou une machine à coudre peuvent également être acceptées en tant que principe générateur. »

Déconstructeur de la philosophie, Derrida renoue avec la « veille » de la philosophie, avec les présocratiques : avec le feu et le jeu héraclitéens, avec la satiété jamais atteinte du besoin du jeu qui fait que toute construction appelle une autre construction, toute écriture un supplément d'écriture, toute construction une déconstruction, toute écriture, un processus d'effacement et d'annulation (*cf. Positions*, p. 92). Mariage du conflit et de l'harmonie, de la nécessité et du hasard, tel est le jeu, le feu, le « brûle-tout[3] » qu'est l'écriture.

Derrida renoue aussi avec Démocrite chez qui s'unissent la lettre et la semence. *Rythmos* désigne à la fois le caractère d'écriture et la forme différenciatrice des semences des corps. Par opposition à *schéma* qui désigne une forme fixe, le *rythmos* est sans fixité ni nécessité naturelles et résulte d'un arrangement toujours sujet à changer[4]. Pour Derrida chaque terme est un germe, une réserve sémantique et spermatique, germe qui prolifère en se divisant. Chaque germe est un terme. Chaque construction qui suit le coup initial est comme un *rythmos* provisoire. Mouvement rythmique qui n'a ni commencement ni fin assignables, dû au « hasard » : la chute oblique des atomes, la déclinaison, permet seule la constitution de mondes.

« Germinaison, dissémination. Il n'y a pas de première insémination. La semence est d'abord essaimée. L'insémination « première » est dissémination. Trace, greffe dont on perd la trace, qu'il s'agisse de ce qu'on appelle « langage » (discours, texte, etc.) ou d'ensemencement « réel » ; chaque terme est bien un germe, chaque germe est bien un terme. Le terme, l'élément atomique, engen-

---

3. Terme emprunté à un séminaire inédit de Derrida. *Note de la deuxième édition :* repris depuis dans *Glas* et dans *Feu la cendre* in *Anima 5.*

4. *Cf.* Benveniste, *La notion de « Rythme » dans son expression linguistique* et Kurt von Fritz, *Philosophie und sprachlicher Ausdruck bei Demokrit, Plato und Aristotélès.* Cités par Derrida. *Note de la deuxième édition :* sur le lien à Démocrite, et, de façon plus générale, sur la chance, le hasard, la nécessité. *Cf.* « *Mes chances — Au rendez-vous de quelques stéréophonies épicuriennes »,* UIT, TIJ D Schrift voor filosofie, meart 1983. Derrida y noue, en particulier, un lien entre la chance, la psychanalyse et la littérature, à partir de citations de *La Psychopathologie de la vie quotidienne,* et du texte célèbre sur le hasard dans *Un souvenir d'enfance de Léonard de Vinci.* Dans *L'Enfance de l'art,* p. 225 et *sq.* (Payot, 1970), j'avais moi-même utilisé ce texte pour souligner l'importance de notions de hasard et de nécessité dans la lecture critique que mène Freud de l'interprétation traditionnelle de l'art, en particulier au moment où il s'interroge sur les limites de la psychanalyse « appliquée » à l'art.

dre en se divisant, en se greffant, en proliférant. C'est une semence et non un terme absolu. Mais chaque germe est son propre terme, a son terme, non pas hors de soi mais en soi comme sa limite intérieure, faisant angle avec sa propre mort. Les théories atomistes furent aussi les théories du sperme [...]. Aucune unité simple et originaire avant cette division par laquelle la vie vient à se voir et la semence d'entrée de jeu se multiplie ; rien avant l'addition en laquelle la semence commence par se soustraire. » (*Dis.,* pp. 337, 338.)

La notion de *dissémination,* insérée par Derrida à partir d'une « lecture coopérative des *Nombres* de Sollers » (*Positions*, p. 61) et qui s'est imposée de plus en plus, est marquée par ces différentes greffes, auxquelles il faudrait adjoindre les « jardins d'Adonis » du *Phèdre*. Dans un angle, une greffe qui n'a pas pu prendre, à laquelle la dissémination est allergique : l'auto-insémination du logos paternel, l'autofellation, Hegel et le cercle de la vérité. La dissémination ne revient jamais au père.

Pourtant la *dissémination* n'est pas un concept-clé ni un maître-mot. Plus que d'autres, peut-être, cette notion est un « foyer de densité économique » qui concentre les diverses implications du jeu d'écriture ; croisement d'une grande circulation, elle « condense la question de la différance sémantique et de la dérive séminale, l'impossible réappropriation du concept et du sperme [...] croisement de la science de l'écriture et de la génétique. » (*Entretiens avec L. Finas.*) Mais pas plus qu'une autre cette marque n'est un principe théologique autosuffisant, elle qui dit la mort en germe dans tout germe. Aucune marque, si riche soit-elle, qui puisse être décisive ou définitive, qui ne soit prise à son tour dans le jeu indéfini de la supplémentarité et de la différance, de la trace. Chacun des « opérateurs de généralité » est greffé sur les autres, tous constituent un « glossaire baroque et mobile » sans qu'aucun d'eux ne soient « un concept majeur » (*ibidem*). Ainsi Derrida, relisant, réécrivant ces textes d'abord disséminés, puis réunis en un « volume », supprime la plénitude apparente de certaines notions en greffant sur elles les notions qui n'ont émergé qu'ultérieurement. Ainsi, la dissémination est greffée sur le *pharmacon* remarqué par Derrida dans *La Pharmacie de Platon* lorsque ce texte est inséré dans le volume de *La Dissémination*. Derrida marque autant la « continuité » que la « discontinuité » des différentes notions : leur supplémentarité.

## Système, chaîne textuelle, généalogie

Il est donc impossible d'isoler chacun des « opérateurs » comme s'il était à lui-même son propre contexte, comme si on pouvait entendre simplement son contenu. Mais restituer toutes les notions dans leur contexte, en tenant compte des différences, ne rend pas pour autant possible la construction d'un système où le sens serait formellement maîtrisable d'une façon absolue. Reste toujours un reste, un excès de non-sens. Le rapport que Derrida établit entre les différentes notions est le même que celui qu'il établit entre ses différents textes, d'une façon plus générale, entre tous les textes.

A l'évolution d'une notion ou d'une pensée, il oppose une *systématique* textuelle, la nécessité, les formes et le temps de son développement. Système/jeu, toujours à la fois ouvert et fermé, ni ouvert ni fermé. Plus que sur le contenu des pensées ou sur leur évolution Derrida s'interroge sur la manière dont les textes sont faits, jouent, s'écrivent. Lire un texte c'est faire l'étude d'une systématique textuelle, montrer la spécificité et l'originalité d'un jeu et d'une écriture, comment elle rompt avec toute autre ; mais c'est aussi montrer le *continuum* dans lequel ce texte s'inscrit et qui fait qu'aucun système n'est formellement maîtrisable. Une notion déplacée dans un autre jeu systématique et syntaxique reste marquée par son appartenance à d'autres jeux : par toute la réserve sémantique qu'elle enferme et du fait de son appartenance à une certaine langue. Cette réserve lexicale joue même si « l'auteur » n'en fait pas usage, même si elle est inconnue de lui. Derrida montre, par exemple, la difficulté de traduction du terme « pharmakon » chez Platon : la traduction « décide » pour un certain sens et non pas innocemment — vidant ainsi la notion de toute réserve. *La Pharmacie de Platon*, au contraire, fait jouer les différents sens, présents ou non dans le texte de « Platon », les greffe les uns sur les autres, les fait proliférer en les croisant avec d'autres termes de la même racine dont ils portent la trace. Ce jeu fait éclater chacun des sens, les écarte d'eux-mêmes, les fait se différer, résonner anagrammatiquement. Jeu de miroir, abîme sans fond : « Le mot pharmakon est pris dans une chaîne de significations. Le jeu de cette chaîne semble systématique. Mais le système n'est pas ici simplement celui des intentions d'un auteur connu sous le nom de Platon. Ce système n'est pas d'abord celui d'un vouloir-dire. Des communications réglées s'établissent grâce au jeu de la langue entre diverses fonctions du mot et, en lui, entre divers sédiments de divers règnes de la culture. » (*Phar.*, p. 108.)

« Comparant expressément l'écriture à la peinture, Platon ne mettra pas explicitement ce jugement en rapport avec le fait qu'il appelle ailleurs la peinture *pharmakon* [...]. Néanmoins toutes ces significations et plus précisément, tous ces mots apparaissent dans le texte de « Platon ». Seule la chaîne est cachée et pour une part inappréciable à l'auteur lui-même, si quelque chose de tel existe. On peut dire en tout cas que tous les mots « pharmaceutiques » [...] faisaient effectivement, si l'on peut dire, « acte de présence » dans le texte [...]. Mais comme tout texte, celui de « Platon » ne pouvait pas ne pas être en rapport de toute manière au moins virtuelle, dynamique, latérale, avec tous les mots composant le système de la langue grecque. Des forces d'association unissent à des distances, avec une force et selon des voies diverses, les mots « effectivement présents » dans un discours à tous les autres mots du système lexical qu'ils apparaissent ou non comme « mots » [...]. Elles communiquent avec la totalité du lexique par le jeu syntaxique et au moins par les sous-unités qui composent ce qu'on appelle un mot [...]. Nous ne croyons pas qu'il existe en toute rigueur un texte platonicien clos sur lui-même avec son dedans et son dehors. » (*Ibidem*, pp. 148-149 ; *cf.* aussi pp. 111 et 80.)

Ainsi l'usage d'une « marque », même si elle fonctionne toujours spécifiquement à l'intérieur de tel ou tel système, même si les effets de système sont irréductibles, ne peut être purement conventionnel. Quand Hegel, par exemple, par l'emploi du terme « idée », greffe son texte sur celui de Platon, fait communiquer son système avec le sien, il ne le fait pas arbitrairement : « Ni étymologie, ni origine pures, ni continuum homogène, ni synchronisme absolu ou intériorité simple d'un système à lui-même. Cela implique qu'on critique *à la fois* le modèle de l'histoire transcendantale de la philosophie et celui des structures systématiques parfaitement closes sur leur agencement technique et synchronique. » (*La mythologie blanche, Marges,* p. 304.)

Ainsi encore l'insistance de la métaphore de la lumière dans le texte de la philosophie. Chez Descartes, par exemple, elle s'inscrit dans une syntaxe spécifique, mais en même temps, elle appartient à un système plus général qui contraint Descartes malgré lui et qui fait communiquer nécessairement le texte cartésien avec celui de Platon et avec toute la métaphysique : « Présence disparaissant dans son propre rayonnement, source cachée de la lumière, de la vérité et du sens, effacement du visage de l'être, tel serait le *retour* insistant de ce qui assujettit la métaphysique à la métaphore. » (*Ibidem*, p. 320.)

Ainsi également, Renan, Nietzsche, Freud, Bergson communiquent dans leur intérêt pour la « sédimentation métaphorique des concepts, dans leur conception du langage comme ''rhétorique usée'' ». Le renouvellement de la linguistique historique au XIXe siècle ne suffit pas à expliquer cette convergence qui n'a pas de limite chronologique déterminée (*ibidem*, pp. 254-255).

Même si des ruptures et des discontinuités se produisent, la notion de signe, autre exemple, est prise dans un continuum : elle implique un enchaînement de prédicats qui ne se laisse pas facilement déplacer même lorsqu'elle est transportée d'un terrain sur un autre.Mais articuler des chaînes systématiques n'est pas pour autant recourir à l'essence d'un concept (*cf. Puits., Marges*, pp. 82-94).

Ainsi Rousseau communique avec la linguistique moderne et avec la conception métaphysique du signe : « Ne s'agit-il pas de l'appartenance commune du projet de Rousseau et de la linguistique moderne à un système déterminé et fini de possibilités conceptuelles, à un langage commun, à une réserve d'oppositions de signes (signifiants/concepts) qui n'est autre d'abord que le fonds le plus ancien de la métaphysique occidentale ? Celle-ci s'articule en ses diverses époques selon des schèmes d'implication dont la structure et la logique ne se laissent pas maîtriser aussi facilement qu'on le croit parfois : d'où les illusions de ruptures, les mirages du nouveau, la confusion ou l'écrasement des couches, l'artifice des prélèvements et des découpages, le leurre archéologique. »

(*Le cercle linguistique de Genève, Marges,* p. 169.) Ainsi, Saussure, malgré certaines ruptures, communique avec Rousseau non pas à cause de l'identité de contenu des doctrines mais de la « permanence de certains schèmes fondamentaux et de certains concepts directeurs ». Permanence révélatrice de l'insertion de la linguistique dans la métaphysique ou de la métaphysique dans la linguistique (*cf. ibidem*, p. 183).

Derrida propose donc une nouvelle conception de l'histoire de la philosophie et des textes qui rature l'opposition du continu et du discontinu et qui est corrélative de la nouvelle notion de texte : tissu de greffes, jeu ouvert/fermé. Impossible dès lors de faire une généalogie simple d'un texte : un texte n'a pas un seul père, une seule racine, il est un système de racines : ce qui efface à la fois la notion de système et celle de racine : « L'appartenance historique d'un texte n'est jamais en droite ligne. » Un texte n'est ni simplement contaminé par d'autres ni fait de pièces et de morceaux. « Un texte a toujours plusieurs âges. » (*Gram.,* p. 150.)

Impossible donc d'aborder un texte frontalement : la lecture doit se faire de biais.

# Graphématique
# et psychanalyse

« *Il faut surtout lire et relire ceux dans les traces desquelles j'écris, les « livres » dans les marges et entre les lignes desquels je dessine et déchiffre un texte qui est à la fois très ressemblant et tout autre.* »

Positions, *p. 12*

« *... la dissémination n'est pas simplement la castration qu'elle entraîne.* »

Hors livre, Dissé., *p. 32*

## L'incontournable

S'agissant de Derrida il est donc impossible de faire une « généalogie » simple de ses écrits. Ses textes croisent ceux des présocratiques, de Mallarmé, de Bataille etc. Bien d'autres pourraient être cités. Derrida insiste sur le caractère incontournable de certains textes qui hantent le sien : entre autres, ceux de Heidegger, de Nietzsche, de Hegel avec lequel il ne cesse de s'expliquer. Écrire sur Derrida pourrait consister à voir comment chacun des textes prélevé, transporté sur ce nouveau terrain, se trouve déplacé, sollicité, transformé.

Parmi ces incontournables : la psychanalyse, Freud. Très tôt sollicité[1] il fait l'objet d'un texte important *Freud et la scène de l'écriture* (in *E. et D.*, p 293 et sq.). Derrida ne cesse dès lors d'y revenir, plus particulièrement dans de longues notes (ce qui n'est ni innocent ni négligeable) où il marque toujours ses distances à l'égard du texte psychanalytique. Plus peut-être qu'à l'égard de n'importe quel autre, Derrida semble tenir à indiquer ressemblances

1. « Sollicitation, mise en branle d'un tout » *(Double séance).*

et différences. N'est-ce pas là l'indice d'une certaine défiance, d'une certaine crainte que l'on puisse, par le biais de la psychanalyse, effectuer une relève métaphysique de ses textes et que la psychanalyse puisse trouver dans cette opération un certain intérêt ? Crainte qui expliquerait une hostilité, non déclarée, refoulée en bas de page[2].

Il semble donc important d'examiner, (pour pasticher Freud) « l'intérêt » de la psychanalyse pour Derrida, et réciproquement. Ce qui précède permet de comprendre qu'en aucun cas, une greffe, même incontournable, ne peut être privilégiée ni servir de tuteur.

### L'inconscient et la différance

La question de l'écriture et tous les ébranlements qu'elle produit font de Derrida un philosophe « unheimlich ». Ce qui le rend étrange à toute une tradition, le rend proche, par contre, de la psychanalyse, elle aussi « étrangement inquiétante aux yeux de bien des gens[3] » : parce qu'elle s'occupe de découvrir les forces secrètes du psychisme, parce qu'elle fait réapparaître, en tous domaines, une étrangeté refoulée par la tradition dans des lieux précis et marginaux : ceux de la folie, du rêve, du fantastique. Freud met fin aux limites rigides assignées par la logique de la conscience, barre les oppositions métaphysiques : celle du normal et du pathologique, du quotidien et

2. « Ce sont justement les petites différences dans ce qui se ressemble par ailleurs, qui fondent les sentiments [...] d'hostilité entre les individus. » Freud, *Le tabou de la virginité, vie sexuelle,* P.U.F., p. 72.

3. *L'inquiétante étrangeté.*

du sublime, de l'ordinaire et du fantastique, de l'imaginaire et du réel. C'est ce bougé des limites assurées qui inquiète. Le sentiment d' « Unheimlichkeit » « surgit à chaque fois où les limites entre imagination et réalité s'effacent[4] ».

Bien que Freud élabore une théorie des « lieux » psychiques, et que l'inconscient soit considéré par lui comme un système, on peut dire que l'inconscient n'a pas de place, n'est présent nulle part. Comme l'écriture il est atopique, comme elle, il dérange l'économie domestique, met la maison sens dessus dessous. L'originalité de la psychanalyse n'est pas d'avoir inventé l'inconscient mais de l'avoir inséré partout et pourtant de ne l'avoir fait apparaître nulle part, en propre, en personne. Une telle notion, comme l'écriture ou la différance derridienne, brise toute limite et toute marge, ébranle donc profondément la métaphysique.

Néanmoins le langage de Freud reste métaphysique : l'inconscient, terme négatif, renvoie à la conscience dont il serait seulement la négation. Dans de nombreux textes Freud s'en explique : il refuse de polémiquer avec les philosophes, de s'appesantir sur des querelles de mots, de prendre en considération des étymologies[5]. Pour lui, l'inconscient est bien un vieux mot pour une chose nouvelle : effet de paléonymie. Même si l'usage d'un terme déterminé n'est ni négligeable ni arbitraire, même s'il est difficile de le débarrasser de toute la charge sémantique que la lecture métaphysique y a déposée, l'important est de voir que Freud déplace la notion d'inconscient, la transforme par le travail auquel il la soumet. Aussi, Derrida, lisant Freud, n'est-il pas dupe des mots utilisés : ce qu'il montre c'est que le texte psychanalytique n'est pas

---

4. *Ibidem.*
5. *Cf. L'Inconscient.*

simple, que, comme tout autre, il est hétérogène. S'il est vrai qu'y fonctionne le système classique des oppositions métaphysiques : inconscient/ conscient, primaire/secondaire, obscurité/ lumière etc., la manière dont Freud par ailleurs les fait travailler permet d'ébranler tout le système. Tenant compte de ce travail de transformation, Derrida insère Freud dans son texte et l'y fait se croiser avec d'autres greffes. Ainsi l'inconscient freudien est un vieux nom pour dire l'altérité absolue et radicale au sens de Lévinas (*cf. Violence et métaphysique*). Altérité radicale ou différance. Une telle lecture, généreuse, sauve l'inconscient freudien de toute « récupération », notamment phénoménologique : « L'inconscient n'est pas une présence à soi cachée, virtuelle, potentielle. Il se diffère, il se tisse de différences, et aussi il envoie, il délègue des représentants, des mandataires ; mais il n'y a aucune chance pour que le mandant « existe », soit présent, soit « lui-même » quelque part et encore moins devienne conscient [...]. Cette altérité radicale par rapport à tout mode possible de présence se marque en des effets irréductibles d'après-coup, de retardement [...]. Pour lire les traces des traces « inconscientes » [...], le langage de la présence ou de l'absence, le discours métaphysique de la phénoménologie est inadéquat [...]. Avec l'altérité de « l'inconscient » nous avons affaire non à des horizons de présents modifiés [...] mais à un « passé » qui n'a jamais été présent et qui ne le sera jamais, dont « l'avenir » ne sera jamais la *production* ou la reproduction dans la forme de la présence. Le concept de trace est incommensurable avec celui de rétention, de devenir-passé de ce qui a été présent. On ne peut penser la trace et donc la différance à partir du présent ou de la présence du présent. » (*La Différance*, pp. 21, 22.)

L'inconscient ne peut être lu comme différance que si l'on admet l'hypothèse spéculative de la pulsion de mort,

dernier principe d'intelligibilité du refoulement originaire. Pulsion de mort greffée par Derrida sur Bataille et
interprétée comme un principe d'économie générale (distinct de l'économie restreinte, différant la présence par
calcul, au service en définitive du principe du plaisir) :
principe de dépense sans réserve, « de perte irréparable
de la présence, de césure irréversible de l'énergie ». Une
telle lecture empêche de confondre négatifs freudien et
hégelien, empêche une relève sans reste par la dialectique
spéculative. Ainsi comprise, on voit mieux comment chez
Freud la pulsion de mort est solidaire de la notion de
répétition : conception originale de la répétition comme
originaire. Jamais une présence pure sans différence, au
sens d'écart, de distinction mais aussi de détour, de délai,
de réserve. Le double est originaire. Répétition originaire
qui dit l'imagination, la mort toujours déjà inscrites dans
la vie et le « réel ». La vie est toujours déjà entamée par
une castration qui produit une mimésis sans modèle originaire.

L'angoisse devant les situations qui, involontairement,
se répètent, devant les doubles, renvoie, dit Freud, à
l'automatisme de répétition, à la nature la plus intime des
instincts assez forts pour s'affirmer par delà le principe de
plaisir ; renvoie à ce qui d'abord était une défense contre
la mort et qui est devenu signe de mort[6]. Plus radicalement Derrida renvoie, comme à un principe d'intelligibilité, au double originaire, à la différance qui seule rend
possible quelque chose comme un double ou une répéti-

6. *Cf. L'Inquiétante étrangeté.* Freud relève, dans *Les Élixirs du diable*
d'Hoffmann, le thème du double, à la fois comme redoublement, scission du
moi, substitution du moi ; le constant retour du semblable, la répétition des
mêmes traits, des mêmes noms pendant des générations successives. Citant
Rank, il met en rapport le double avec l'image dans le miroir, l'ombre, l'âme,
la mort. Nature double du double : image de la mort et de la défense contre la
mort. Dans les rêves, la castration s'exprime par le redoublement ou la multi-

tion : différance dont le retour angoisse, car toujours déjà refoulée, déniée parce que dangereusement mortelle.

Sous l'effet du refoulement, le double, au contraire, est interprété narcissiquement comme l'imitation d'un original plein et autosuffisant. La mimésis est alors mimétologie et joue le rôle d'une force de contre-investissement qui maintient refoulé le double comme originaire.

La déconstruction de la métaphysique, des valeurs de présence, d'origine, de l'autorité de la voix, de la conscience et de la représentation du temps qui lui est liée, ne pouvait qu'engager à relire Freud et à en opérer l'insertion. Impossible de contourner Freud chez qui se nouent une énergétique et une théorie du chiffre, toutes deux inséparables des notions d'après-coup et de trace, du mouvement économique de la trace qui implique à la fois sa marque et son effacement « selon un rapport qu'aucune dialectique spéculative du même et de l'autre ne pourrait maîtriser » (*Hors livre,* p. 11). Mais seule la notion de différance rend intelligible, en même temps qu'elle les sollicite, les notions freudiennes de trace, de frayage, de forces de frayage. Les différences dans la production des traces inconscientes et dans les procès d'inscription peuvent être interprétées comme des moments de la différance en tant que mise en réserve : « Le mouvement de la trace est un effort de la vie se protégeant elle-même en différant l'investissement dangereux, en consti-

plication du symbole génital : « Chez les Égyptiens, les artistes modèlent dans une pierre l'image du mort [...]. Cela vient du narcissisme primaire qui domine l'âme de l'enfant comme celle du primitif. Lorsque cette phase est dépassée, le signe algébrique du double change et d'une assurance de survie, il devient un étrangement inquiétant avant-coureur de la mort. » Le double indique aussi toutes « les éventualités non-réalisées de notre destinée dont l'imagination ne veut pas démordre, toutes les aspirations du moi qui n'ont pu s'accomplir par suite des circonstances extérieures, de même que toutes les décisions réprimées de la volonté qui ont produit l'illusion du libre-arbitre ». *Note de la deuxième édition :* sur *Les Élixirs du diable, cf.* S. Kofman, *Vautour rouge, le double dans* Les Elixirs du diable, in *Mimésis des articulations* (Aubier-Flammarion, 1976).

tuant une réserve. » ; « La dépense ou la présence menaçante sont différées à l'aide du frayage ou de la répétition. » Seule la différence entre les frayages est la véritable origine de la mémoire et du psychisme : « Il n'y a pas de frayage sans différence. La trace comme mémoire n'est pas un frayage pur qu'on pourrait récupérer comme présence simple. C'est la différence insaisissable et visible entre les frayages. La vie psychique n'est ni la transparence du sens ni l'opacité de la force mais la différence dans le travail des forces... » « N'est-ce pas déjà la mort au principe d'une vie qui ne peut se défendre contre la mort que par l'économie de la mort, la différance, la répétition, la réserve ? La répétition ne survient pas à l'impression première, sa possibilité est déjà là dans la résistance offerte la première fois par les neurones psychiques. La résistance elle-même n'est possible que si l'opposition des forces dure ou se répète originairement[7]. » Parce que l'origine est prise dans une structure de répétition, la notion d'origine devient énigmatique : « Dans la première fois du contact entre deux forces la répétition a commencé. » La vie n'est pas d'abord une présence pleine qui, secondairement, se réserverait : elle « est » toujours déjà, mort, trace. *L'Esquisse* ainsi relue à la lumière de la différance, supprime toute pertinence à la notion de primarité. Plus tard *L'Interprétation des rêves* considère la distinction des processus primaires et des processus secondaires comme une pure fiction théorique. Les oppositions binaires qui pourraient être interprétées comme métaphysiques sont lues par Derrida comme « les moments d'un détour dans l'économie de la différance, l'un est l'autre différé, l'un différant de l'autre ». Si tout commence par la répétition,

---

7. Pour tous ces textes, *cf. Freud et la scène de l'écriture.*

*le retard* est originaire. Derrida fait communiquer la notion de trace et la structure du *a-retardement* ou de l'*après-coup* : découverte fondamentale de la psychanalyse, la plus décisive, malgré un langage en retrait par rapport à l'importance de la chose. Elle implique, en effet, une nouvelle conception du temps, elle est impensable selon les critères de la logique de l'identité. La notion « contradictoire » de retard originaire paraît, en effet, absurde, fait choc : « Sous le mot retard il faut penser autre chose qu'un rapport entre deux présents. » Si l'on conserve la représentation « vulgaire » du temps, le retard serait un simple délai que s'accorderait une conscience pleinement consciente d'elle-même, ou capable, après détour, de se réapproprier dans une présence sans fissure. La notion « d'après- coup » introduit un modèle du temps qui n'est plus linéaire : elle met fin au concept métaphysique d'expérience comme expérience d'un présent. Le sens du présent n'est compréhensible que *post festum*. L'origine est toujours supplémentaire; ce qui vient après, à la fin, constitue ce qu'on appelle le présent et qui n'existe jamais comme tel dans la plénitude de son sens : « Que le présent en général ne soit pas originaire mais reconstitué, qu'il ne soit pas la forme absolue, pleinement vivante et constituante de l'expérience, qu'il n'y ait pas de pureté du présent vivant, tel est le thème, formidable pour l'histoire de la métaphysique, que Freud appelle à penser à travers une conceptualité inégale à la chose même. Cette pensée est sans doute la seule qui ne s'épuise pas dans la métaphysique ou dans la science. » (*Freud et la scène...*, p. 314.) « Le retardement sexuel est-il ici le meilleur exemple ou l'essence de ce mouvement ? [...] C'est à retardement que la perception de la scène primitive [...] est vécue dans sa signification et la maturation sexuelle n'est pas la forme accidentelle de ce retard. » (*Ibidem.*, p. 317.)

Mais Freud ne tire pas toutes les conséquences de sa découverte. Son texte est hétérogène : à côté de la notion explosive d'après-coup il maintient celle d'intemporalité de l'inconscient qui ne peut être pensée que par rapport au concept « vulgaire » du temps : « Cela devrait conduire [...] à une nouvelle position du problème de la temporalisation et de ladite « intemporalité » de l'inconscient [...]. L'écart est sensible entre l'intuition et le concept freudiens. L'intemporalité de l'inconscient n'est sans doute déterminée que par opposition à un concept courant du temps, concept traditionnel, concept de la métaphysique, temps de la mécanique ou temps de la conscience [...]. L'inconscient n'est sans doute intemporel qu'au regard d'un certain concept vulgaire du temps. » (P. 318.)

« L'après-coup » freudien n'est donc révolutionnaire que re-marqué par Derrida, inscrit dans tout un réseau de concepts, déchiffré à la lueur de la « logique » de la supplémentarité et de la différance : c'est dans l'étrange « logique » de la supplémentarité « qu'il faut penser la possibilité de l'après-coup et [...] le rapport du primaire au secondaire » (p. 314).

## Les métaphores de l'écriture et l'archi-écriture

Ce qui ne veut pas dire que Derrida fasse dire à Freud n'importe quoi. Mais toute lecture est réécriture, supplémentarité, sollicitation du texte lu. Ne lit pas celui qui se retient d'y mettre du sien, qui refuse de féconder, de cultiver le texte *(cf. Pharmacie,* p. 72).

Parce que la psychanalyse, dans ce qu'elle *fait* plus que dans ce qu'elle *dit,* se laisse mal contenir par la clôture logocentrique, dans la logique de la conscience et dans la représentation du temps qui lui est liée, Derrida est conduit à porter une attention particulière à tout ce qui dans les textes de Freud a trait à l'écriture et qui avait été plus ou moins négligé jusqu'alors. Il note l'importance de la théorie des lieux psychiques allant de pair avec l'utilisation de modèles d'écriture non linéaire empruntés à une graphie qui n'est jamais assujettie à la parole, ni extérieure ni postérieure à elle. La métaphore graphique, pour dire un contenu psychique déterminé, ou pour décrire l'appareil psychique, n'a pas une simple finalité didactique. Elle éclaire le sens de la trace et de l'écriture, permet de poser la question de la métaphoricité de l'écriture et de l'espacement, de s'interroger sur ce que peut bien signifier le psychisme comme écriture. Mais c'est Derrida et non Freud qui réfléchit les questions, comme c'est en définitive la notion d'archi-écriture qui permet de comprendre que la métaphore graphique n'est pas une simple métaphore : pas de refoulement, pas d'inconscient sans la césure et la cadence de l'écriture comme archi-écriture ; pas de psychisme sans rapport à la mort. La métaphore de l'écriture au sens restreint dit en abîme le rapport du sujet à sa propre mort, le rapport du psychisme à l'écriture en général.

*Freud et la scène de l'écriture* décrit le parcours freudien depuis *L'Esquisse* jusqu'au *Bloc Magique.* Le modèle de l'écriture choisi par Freud est de plus en plus original et différencié. Toujours le même problème est posé que résoudra seulement le modèle du bloc magique : comment rendre compte à la fois de la permanence de la trace et de la virginité de la substance d'accueil ? Dès *L'Esquisse* on peut trouver le projet de rendre compte du psychisme par l'espacement ; il s'y élabore une problématique des frayages et des lieux psychiques qui résistent aux représentations courantes de l'espacement comme il est fait appel à un modèle de temporalité discontinue ou périodique qui ne répond plus à la conception « vulgaire » du temps. Mais la notion de trace y est encore conçue positivement et neurologiquement : elle n'est pas encore le gramme comme le milieu de frayage n'est pas encore un espacement chiffré. Dans les textes ultérieurs[8], le contenu du psychisme, notamment le rêve, est conçu selon le modèle non du langage mais de l'écriture hiéroglyphique : le polycentrisme de la représentation onirique est inconciliable avec le déroulement apparemment linéaire des représentations verbales. Dans le rêve la parole n'a aucun statut privilégié, elle est soumise au système du rêve : « L'écriture générale du rêve remet la parole à sa place. » L'écriture du rêve est originale, elle ne se laisse lire à partir d'aucun code qui lui soit extérieur : « Chaque rêveur invente sa propre grammaire. » Dans son lexique comme dans sa syntaxe « un résidu purement idiomatique est irréductible ». L'absence d'un code exhaustif et extérieur au rêveur signifie que la différence entre signifié et signifiant n'est jamais radicale. Bien que Freud *déclare* la dualité des textes du rêve, texte manifeste, texte latent, et définisse l'interprétation comme la traduction du premier dans le second ; bien qu'il décrive le texte manifeste comme la transformation du texte latent, ce que *fait* Freud interdit de concevoir le rapport du texte manifeste au texte latent comme un rapport de traduction falsificatrice qu'il s'agirait, par l'analyse, de restituer dans sa vérité : le rêve résiste à une opération de traduction si celle-ci nécessite « un code permanent qui permet de substituer ou de transformer les signifiants en gardant le

---

8. Notamment dans *L'Interprétation des rêves,* dans *L'Intérêt de la psychanalyse,* p. 40.

même signifié, toujours présent malgré l'absence de tel ou tel signifiant déterminé » : le corps de l'expression du texte manifeste ne s'efface pas devant le signifié, il agit en tant que tel, il est intraduisible. Traduire le rêve, c'est laisser tomber ce « reste » qui en fait pourtant la spécificité, qui constitue une écriture inédite, incomparable à toute autre. De plus, nulle part n'existe un texte inconscient plein de sens qui serait secondairement transposé et transformé en un texte lacunaire : « Le texte inconscient est déjà tissé de traces pures, de différences où s'unissent le sens et la force, texte nulle part présent constitué d'archives qui sont toujours *déjà* des transcriptions. Des estampes originaires. Tout commence par la reproduction, toujours. Toujours déjà, c'est-à-dire dépôts d'un sens qui n'a jamais été présent, dont le présent signifié est toujours reconstitué à retardement [...]. Le passage à la conscience n'est pas une écriture dérivée et répétitive, transcription doublant l'écriture inconsciente, elle se produit de manière originale et, dans sa secondarité même, elle est originaire et irréductible. » (*Ibidem*, p. 314.)

Ce travail d'écriture d'une énergie psychique permet de comprendre l'écriture au sens restreint comme l'archi-écriture en est la condition de possibilité. En définitive l'écriture du rêve ne se prête pas à la traduction « parce qu'elle est un seul système énergétique qui couvre tout l'appareil psychique ». L'énergie est irréductible et elle est productrice du sens : l'écriture du rêve comme archi-écriture est antérieure à la distinction de la force et du sens.

Dans *L'Inconscient,* Freud pose le problème des lieux d'inscription de l'énergie. Le concept d'inscription est alors « le seul élément graphique d'un appareil qui n'est pas lui-même une machine à écrire ».

La *Note sur le bloc magique* utilise la métaphore graphique à la fois pour décrire le contenu et l'appareil psychiques. Ce modèle du psychisme est indescriptible en termes d'une logique binaire. Il rend compte de tout ce qui jusqu'alors était inconciliable. Il s'agit d'un *seul* appareil qui comprend un *double* système ; qui est à la fois une *réserve infinie* de traces et une surface toujours *vierge ;* qui est une *profondeur* infinie, sans-fond, et une extériorité *superficielle* : « Stratification de surfaces dont le rapport à soi, le dedans n'est que l'implication d'une autre surface ainsi exposée. »

Le bloc magique communique par là avec la représentation nietzschéenne de la vie comme femme dont le nom grec est Baubô[9] : vie comme surface, apparence ne renvoyant à aucune réalité plus profonde, mais qui mime la profondeur : derrière une couche de peinture, on trouve une autre couche de peinture, derrière une caverne, une autre caverne, un antre. Ni surface ni profondeur, seule la « logique » de l'hymen permet d'y pénétrer. Bloc magique : pierre qui méduse ; un stylet, un grattoir, un corps pénétrant quelconque y épanche un liquide, ou déchire, creuse des sillons : l'écriture est d'un genre indécidable, bisexuée, antérieure à la distinction du *masculin* et du *féminin.* Comme le Dionysos nietzschéen. Avec le bloc magique, de plus, on ne retrouve ni la continuité de la *ligne* ni l'homogénéité du *volume* : sa structure temporelle est celle de l'après-coup, elle obéit à la graphique de la supplémentarité : la trace durable de l'écrit maintenue sur la tablette de cire est lisible seulement sous un éclairage approprié : le perçu n'est jamais perçu au présent ; il ne se donne à lire qu'au passé : l'écriture supplée la perception avant que celle-ci ne s'apparaisse à elle-même. La temporalité est « l'économie d'une écriture » « comme interruption et rétablissement du contact entre les diver-

---

9. *Note de la deuxième édition* : sur femme et écriture, *cf. Éperons* (Flammarion). Sur Baubô, *cf.* S. Kofman *Nietzsche et la scène philosophique,* ch. *Baubô, perversion théologique et fétichisme* (10/18, 1979).

ses profondeurs des couches psychiques, l'étoffe temporelle si hétérogène du travail psychique lui-même ».

Union dans l'écriture d'*Éros* et de la *pulsion de mort,* conflit irréductible entre les forces. Pas d'écriture sans refoulement : « Sa condition c'est qu'il n'y ait ni un contact permanent ni une rupture absolue entre les couches. S'il n'y avait que la perception, la perméabilité pure aux frayages, il n'y aurait pas de frayage. Nous serions écrits mais rien ne serait consigné, aucune écriture ne se produirait, ne se retiendrait, ne se répéterait comme lisibilité. Mais la perception pure n'existe pas : nous ne sommes écrits qu'en écrivant, par l'instance en nous qui toujours déjà surveille la perception qu'elle soit interne ou externe. Le sujet de l'écriture est un système de rapports entre les couches du bloc magique. » L'apparente extériorité de la censure renvoie à une censure plus fondamentale, à la pulsion de mort, à la brisure de l'archi-écriture. La feuille de celluloïd du bloc magique protège l'écriture contre elle-même, contre la mort à laquelle elle expose le sujet.

Le bloc magique n'est donc pas une machine simple : elle ne marche pas seule et elle n'est pas tenue d'une seule main : « Il faut être plusieurs pour écrire et déjà percevoir. » Machine à double main : l'une efface pendant que l'autre écrit[10] : « Si l'on pense que, pendant qu'une main écrit à la surface du bloc magique, une autre main retire par périodes, de la tablette de cire, la page de couverture elle-même, on aura l'illustration sensible de la manière dont je voulais me représenter le fonctionnement de notre appareil psychique de perception. » (Freud.) « Une machine à deux mains, une multiplicité d'instances ou d'origines n'est-ce pas le rapport à l'autre et la temporalité originaire de l'écriture, sa complication « primaire » : espa-

10. Cet effacement de la trace corrélatif de la trace ne fait-il pas communiquer d'une façon privilégiée l'écriture et la structure obsessionnelle avec le processus d'annulation qui la caractérise ?

cement, différance et effacement originaires de l'origine simple, polémique dès le seuil de ce qu'on s'obstine à appeler perception ? » (J. Derrida, p. 334.)

Le bloc magique est donc à la fois modèle de l'écriture psychique et de l'archi-écriture qui en est principe d'intelligibilité. Ainsi déchiffré, le bloc magique freudien peut être inséré sans réserve dans le texte de Derrida : il communique avec la presse à main coupée de *Tympan ;* dans *Hors Livre,* il devient le protocole de tous les protocoles, le paradigme de la doublure, du collage par lequel tout texte « commence » : préface annulée d'une main à la surface par le texte qui suit, mais aussi conservée, gravée dans la cire, reste indélébile, inscrit par la seconde main sur une autre scène. Bloc du protocole, texte irréductible, laissant des traces dans le corps « principal » : « Par son "collage", le *protokolon* divise et défait la prétention inaugurale de la première page comme de tout *incipit.* Tout commence alors, loi de la dissémination, par une doublure. » Le protocole n'est pas le collage d'une feuille simple. Il fait bloc et magiquement selon la « graphique » d'une autre structure : « Ni profondeur ni surface, ni substance ni phénomène, ni en soi ni pour soi. » (P. 13.)

Rencontre aussi de ce bloc avec les pétroglypes hégéliens[11], avec la lecture de *La Tête de Méduse*[12], avec les pierres de Lautréamont ; avec la problématique de la castration[13].

Cependant l'insertion du bloc ne se fait pas sans ébranlement ; sans sollicitation du texte freudien, sa mise en jeu, son entrée dans la danse et la fête de l'écriture. Ainsi Freud pose une limite à l'analogie du bloc magique : contrairement au psychisme, une telle machine ne fonctionne

11. *Cf. le Puits... Marges,* pp. 97, 115 à 117.
12. *Cf. Hors livre,* p. 47.
13. *Ibidem,* p. 50.

pas d'elle-même. Freud maintient la distinction traditionnelle entre l'écriture de « l'âme » et l'écriture au sens
technique : différant en cela de la spontanéité de la
mémoire, le bloc ne peut « reproduire », de l'intérieur,
l'écrit une fois effacé. Or d'avoir pensé l'unité de la vie et
de la mort aurait dû conduire Freud à concevoir le bloc
magique non pas selon le modèle d'un aide-mémoire extérieur mais comme un supplément nécessaire à la préten-
due spontanéité psychique : seule la graphique du supplément permet de penser le rapport entre un texte psychique
dit naturel et une machine dite artificielle. La suplémenta-
rité biffe l'opposition du vivant et du mort, du spontané
et de l'artificiel, de la nature et de la culture : (la) *ressemblance* (de la machine) avec l'appareil psychique, son
existence et sa nécessité témoignent de la finitude ainsi
suppléée de la spontanéité mnésique. La machine — et
donc la représentation — c'est la mort et la finitude *dans*
le psychique [...]. La métaphore comme rhétorique ou
didactique n'est ici possible que par la métaphore solide,
par la production non « naturelle », historique, d'une
machine *supplémentaire, s'ajoutant* à l'organisation
psychique pour suppléer sa finitude [...]. L'écriture est ici
la techné comme rapport entre la vie et la mort [...]. Elle
ouvre la question de la technique : de l'appareil en général et de l'analogie entre l'appareil psychique et l'appareil
non-psychique. » (*Freud et la scène...*, pp. 336, 337.)

Privée de l'opération textuelle de Derrida, la *Note sur
le bloc magique* serait un texte « psychologique ». La
relecture de Derrida vise à montrer que ce qui dans le
texte de Freud s'ouvre à la question de l'écriture fait de la
psychanalyse autre chose qu'une pure psychologie : la
scène de l'écriture est la scène de l'histoire, son jeu, le jeu
du monde. Mais Freud ne réfléchit pas cette ouverture de
son texte sur la scène du monde, de l'écriture sur l'archi-
écriture. L'usage qu'il fait des métaphores de l'écriture

n'est certes pas innocent : la scène de l'écriture freudienne, telle que Derrida en opère le montage, suivant les métaphores du chemin, de la trace, du frayage, de la marche, de la voie ouverte par effraction ; se référant à une pointe sèche, à une écriture sans encre s'inscrivant violemment sur une matrice (cire, résine) ; suivant le renouvellement des modèles mécaniques ; une telle scène s'ouvre sur une arrière-scène sexuelle, elle est référée à la violence première du désir incestueux et du coït. Mais elle ne s'ouvre pas sur la violence et l'effraction plus originaires de la différance et de l'archi-écriture : celle-ci est l'ouverture de la première extériorité en général, elle ouvre le rapport du vivant au non-vivant, du dedans au dehors, la possibilité de toute violence et de toute écriture. La différance, chez Freud, se dit donc sans se dire. La violence sexuelle, la différence entre les sexes, meilleur paradigme de la différance, n'est pas interrogée par Freud dans ses conditions de possibilité.

Aussi Derrida marque-t-il certaines réserves : malgré l'importance du texte freudien, celui-ci reste pris dans un certain positivisme et dans la clôture de la métaphysique : même si on tient compte de la syntaxe et du travail, du discours plus que des concepts (*cf. Freud...,* p. 293). Le prélèvement du concept de trace par Derrida est accompagné d'un travail de radicalisation qui permet de l'extraire de la métaphysique de la présence : la trace devient le gramme originaire ou archi-trace. La structure de la trace qui implique un effacement essentiel rend possible le refoulement en général « la synthèse originaire du refoulement originaire et du refoulement proprement dit ou secondaire ». « La trace n'étant pas une présence mais le simulacre d'une présence qui se disloque, se déplace, se renvoie, n'a proprement pas lieu. L'effacement appartient à sa structure » (*La différance,* p. 25 ; *cf.* aussi *Gramm.,* pp. 68 et 91.) Un tel concept de trace est bien

différent de la notion freudienne de trace mnésique héré-
ditaire. Il rompt d'une façon radicale et réfléchie avec la
logique de l'identité. Il est arraché au schéma traditionnel
qui le fait dériver d'une présence originaire et qui en fait
une marque empirique : « la trace n'est pas seulement la
disparition de l'origine, elle veut dire ici, [...] que l'origine n'a pas disparu, qu'elle n'a jamais été constituée
qu'en retour par une non-origine, la trace, qui devient
ainsi l'origine de l'origine. » (*Gramm.*, p. 90.)


## La castration en jeu


Aussi, malgré le prélèvement de nombreux concepts
psychanalytiques, Derrida mime-t-il seulement dans le
simulacre un discours psychanalytique. Par exemple, la
notion de castration, greffée sur celle de dissémination,
est entraînée, radicalisée, et par un effet de choc en retour
devient la condition de possibilité de la castration au sens
psychanalytique du terme. La « castration » communique avec le problème du double, de la mimésis originaire,
avec l'idée d'une chaîne de substituts sans fin, sans signifié originaire. Une relecture de *L'Inquiétante étrangeté*
permet à Derrida de prélever la notion. Moins que dans
d'autres, dans ce texte, la castration serait un vide, une
marque ou une coupure qui aurait la valeur d'un signifié
dernier ou d'un signifiant transcendantal (présentation
par soi de la vérité comme logos paternel). Dans *Das
Unheimliche,* la castration serait le « non-secret de la
division séminale » qui entame le jeu de la substitution
infinie (*cf. La double séance*, p. 300, note 56). Dans des

notes nuancées, Derrida insiste sur la complicité de ce texte de Freud avec le sien. Texte qui, portant sur l'ambivalence indécidable de l'*Unheimlichkeit*, serait lui-même plus indécidable, moins arrêté que d'autres. De fait, Derrida, là encore, sollicite le texte, y met à la fois plus de jeu et moins de jeu que Freud lui-même : grâce à une certaine coupure...

Freud relève les multiples cas d'*Unheimlichkeit* qui paraissent difficilement réductibles à un noyau unique de sens. Tous reposent sur une certaine ambiguïté. Après avoir cité le cas de la folie (inquiétante parce qu'elle donne l'impression de processus automatiques se dissimulant dans le tableau habituel de la vie), Freud prend l'exemple de *L'Homme au sable* d'Hoffmann[14]. L'effet d'inquiétante étrangeté serait dû, ici, à la crainte de perdre les yeux. Crainte qui, comme l'apprend l'étude des rêves, des fantasmes et des mythes, renvoie à la peur de la castration. C'est en tant que substitut de l'angoisse de castration que la peur d'être aveugle produirait un effet d'*Unheimlichkeit*. Freud prévoit alors l'objection d'un lecteur rationaliste qui nierait un tel rapport de substitution, qui nierait aussi que la peur de la castration renvoie à un secret encore plus profond : le complexe de castration infantile. Pour le « rationaliste » la peur de la castration est la peur, bien raisonnable, de perdre un membre précieux ; or, si cette peur ne renvoyait pas elle-même à autre chose, l'effet d'inquiétante étrangeté ne se produirait pas : il est nécessaire d'être renvoyé de substitut en substitut d'un refoulé qui ne se donne jamais comme tel, ultime secret, secret des profondeurs : « On peut tenter du point de vue rationnel de nier que la crainte pour les yeux se ramène à la peur de la castration ; on trouvera

---

14. *Note de la deuxième édition* : pour la lecture critique de l'interprétation freudienne de ce texte, *cf.* S. Kofman, *Le Double e(s)t le diable* in *Quatre romans analytiques*, Galilée, 1974.

compréhensible qu'un organe aussi précieux que l'œil soit gardé par une crainte de valeur égale, oui, on peut même affirmer, en outre, que ne se cache aucun secret plus profond, aucune autre signification derrière la peur de castration elle-même [...]. Mais on ne rend ainsi pas compte du rapport substitutif qui se manifeste dans les rêves, les fantasmes et les mythes entre les yeux et le membre viril et on ne peut s'empêcher de voir qu'un sentiment particulièrement fort et obscur s'élève justement contre la menace de perdre le membre sexuel et que c'est ce sentiment qui continue à résonner dans la représentation que nous nous faisons ensuite de la perte d'autres organes. » Pour Freud, c'est donc le point de vue rationnel qui s'arrête à la peur de la castration comme à un signifié dernier. Derrida, relisant ce passage de *L'Inquiétante étrangeté*, semble ne pas tenir compte de cette nuance lorsqu'il écrit : « Dans *Das Unheimliche*, Freud plus attentif que jamais à l'ambivalence indécidable, au jeu du double, à l'échange sans fin du fantastique et du réel, du « symbolisé » et du « symbolisant », au procès de la substitution interminable, peut, sans contredire à ce jeu, en appeler et à l'angoisse de castration derrière laquelle ne se cacheraient aucun secret plus profond, aucune autre signification, et au rapport substitutif, par exemple entre l'œil et le membre viril. » (*Double séance*, p. 300, note 56.)

En un certain sens, il y a plus de jeu dans le texte de Freud que dans la lecture qu'en propose Derrida : l'angoisse de castration n'est pas le signifié dernier. Le secret, à proprement parler, n'est présent nulle part, simplement postulé pour rendre raison de la chaîne interminable des substitutions[15]. *L'Inquiétante étrangeté* affirme

---

15. Freud met en rapport la crainte de perdre la vue avec la mort du père : celui-ci dans *L'Homme au sable* intervient à chaque fois comme trouble-fête de l'amour. Tous les détails du conte qui semblent arbitraires et sans signification se trouvent ainsi éclairés. Une fois admis cette première corrélation, il faut de

davantage le jeu que la « vérité » même si cette dernière est posée, mais par la référence dernière à un refoulé, le jeu se trouve entaché de sérieux, il est lui-même un jeu « unheimlich » : la menace de castration par le père demeure, domine, surveille le jeu. C'est pourquoi la notion de « castration » ne peut être insérée dans le jeu de l'écriture que relancée, innocentée, coupée de tout ce qui dans le texte de Freud pourrait en faire un signifié originaire ou ultime, lieu même de la vérité. Elle devient alors « l'affirmation de cette non-origine, le lieu vide et remarquable de cent blancs auxquels on ne peut donner sens, multipliant les suppléments de marque et les jeux de substitution à l'infini » (*Double séance*, p. 300, note 56).

La dissémination inscrit la castration à l'origine. Castration originaire, plus vieille que la « circoncision » voulue par le père dont elle est la condition de possibilité. Coupure du germe vital qui toujours déjà se multiplie : « La sortie hors de l'unité « primitive » et mythique (toujours reconstituée à retardement dans l'après-coupure), la coupure, la décision décidante et décidée, le *coup* partage la semence en la projetant. Elle inscrit la différence dans la vie ; [...] la multiplicité numérique ne survenant pas comme une menace de mort à un germe antérieurement un avec soi » (*Diss.*, p. 337). Plus qu'avec *L'Inquiétante étrangeté*, cette nouvelle conception de la castration communique avec la fin du *Souvenir d'enfance de Léo-*

nouveau accepter toute une série de substitutions et de dédoublements : le père « castrateur », comme tel, ne se donne jamais en propre : l'image du père est dédoublée, de par l'ambivalence, en un bon et en un mauvais père. A ces deux pères correspondent le professeur Spalanzani et l'opticien Coppola. On doit admettre aussi que Nathanaël et la poupée Olympia ont les mêmes pères. L'identification de Coppola et de Spalanzani n'est possible que si on accepte un nouvel équivalent de la castration : la désarticulation des bras et des jambes. Enfin il faut admettre qu'Olympia ne serait que l'incarnation de l'attitude passive de Nathanaël à l'égard du père pendant l'enfance. L'effet d'*Unheimlichkeit* du conte serait dû à la menace de castration infantile par le père, à la fois reconnue et méconnue grâce à toute la série des transformations et des substituts dans laquelle elle est prise.

*nard de Vinci* (*G. W.*, VIII, p. 210) qui affirme le jeu de la vie comme hasard et nécessité, qui affirme une dissémination première.

La « castration » dit la violence d'une écriture sanglante qui viole, effracte, déchire, se déchire, se coupe d'elle-même, se divise. Castration originaire entraînant une chute sans retour — au père. Mise en jeu, elle est révolutionnaire, menace d'un couteau rouge qui décapite toute origine, tout chef, tout maître, qui fait tomber toutes les valeurs d'archie : « castration » non du fils mais du père. Accomplissant affirmativement le meurtre du père, la « castration » entame tout présent. Sans cette coupure, le présent ne se présenterait pas, le livre n'entrerait pas en jeu : « La présence du présent [...] n'entre [...] en scène, ne déclenche le discours, [...] n'en desserre les dents que dans le jeu de cette coupure [...]. Compte tenu de ce qui le divise et le découpe et le reploie dans son déclenchement même, le présent n'est plus simplement le présent. » (*Dissé.*, p. 336.) Par la « castration », « les dents sont desserrées, la bouche décousue [...] la tête coupée » (*ibidem*, pp. 334-335).

« Lapidairement : la dissémination figure ce qui *ne revient pas* au père : ni dans la germination ni dans la castration [...]. Écrire la dissémination, c'est prendre en compte la castration [...], en remettant en jeu sa position de signifié ou de signifiant transcendantal [...] recours ultime de toute textualité, vérité centrale ou vérité de dernière instance [...]. La dissémination *affirme* [...] la substitution sans fin, elle n'arrête ni ne surveille le jeu [...]. La dissémination « est » cet *angle* de jeu de la castration qui ne se signifie pas, ne se laisse constituer ni en signifié ni en signifiant, ne se présente pas plus qu'il ne se représente, ne se montre pas plus qu'il ne se cache. Il n'a donc pas en lui-même de vérité [...] ni de voile : c'est ce que j'ai appelé la graphique de l'hymen qui n'est plus à la mesure de l'opposition voile/non-voile. » (*Positions*, pp. 120-121.)

La castration en jeu arrache le mouvement de la signification, empêche toute relève sublimante, toute réappropriation paternelle. Le « phallus » ne veut plus rien dire en propre, n'occupe aucun lieu naturel. Derrida met en branle toutes sortes de pierres, dépourvues d'innocence... (*cf. Hors livre*, p. 47).

La castration/décapitation est marquée en abîme dans le texte derridien par les points de suspensions, incisifs, qui « commencent » nombre de ses écrits, suspendant l'hégémonie du titre, introduisant, dès l'origine, l'absence d'origine, annonçant la mise en train d'une opération de greffe. Coups de « donc » originaires, subordonnées mettant fin à toute principale, renversant les hiérarchies légitimes. Coups de couteau dès l'ouverture du livre : « Ceci (donc) n'aura pas été un livre. » Mise en scène inexorable du meurtre du père : « *La Dissémination, La Double séance, La Mythologie blanche*, sont des remises en scène pratiques de tous les faux-départs, des commencements, incipits, titres, exergues, prétextes fictifs, etc. : des décapitations. » (*Positions*, p. 62[16]). Tous textes qui mettent en question la valeur d'archè. L'archi-écriture ou la castration originaire met fin au mythe de l'origine[17].

Hétérogénéité du texte de Freud : l'idée de castration est introduite par un mythe de l'origine de la culture, le mythe du meurtre du père primitif. Langage mythique qui indique que Freud ne peut pas vraiment réfléchir

16. *Cf.* aussi *Dissé.* p. 371 à propos de *Nombres* : « La majuscule initiale est suspendue par la ponctuation multiple... » et *La Différance*, p. 6 : « Le texte ne se développera pas comme un discours philosophique, opérant depuis un principe... »

17. *Note de la deuxième édition* : *cf.* à ce propos toute l'écriture de *Glas* (Galilée, 1974) qui mime, typographiquement même, cette castration originaire.

quelque chose comme une castration originaire. Parce que le texte de Freud n'est pas *simple*, il risque toujours, lorsqu'il n'est pas entraîné dans le jeu de la dissémination, d'être soumis à une relève sublimante. Aussi Derrida se méfie-t-il d'un certain usage des notions de castration et de phallus susceptibles d'arrêter leur mouvement : interprétation métaphysique qui les réinscrit dans le champ du symbolique, de la loi, de la vérité parlante comme le fait par exemple Lacan[18]. A la distinction du symbolique, de l'imaginaire et du réel, Derrida oppose une structure de duplicité, de simulacre « qui joue et double la relation duelle, interrompt plus efficacement, plus « réellement » et le spéculaire ou le propre et le « symbolique » et ne se laisse pas maîtriser dans une problématique de la parole, du mensonge et de la vérité » (*Positions,* p. 120).

## Double détermination et indécidabilité

Soustraites à la clôture logocentrique par le travail de l'écriture, les notions freudiennes peuvent donc être insérées dans le texte derridien. Une nouvelle collaboration de la psychanalyse et de la graphématique devient dès lors possible.

Ainsi *La Psychopathologie de la vie quotidienne* pourrait reconsidérer la question du lapsus, mieux déterminer la spécificité du *lapsus calami* : le lapsus, comme

---

18. *Cf. Positions,* p. 112 et *sq.* Pour le rapport de Lacan et de la métaphysique, *cf. Le Titre de la lettre* de Lacoue-Labarthe et Nancy, Galilée, 1973. *Note de la deuxième édition* : *Cf. Le Facteur de la vérité,* in *La carte postale,* Flammarion, 1980.

substitution d'un mot à un autre, trouve en effet sa possibilité dans l'écriture en général, aphoristique, discontinue, pleine de vides, de silences, de sous-entendus (*cf. Edmond Jabès et la question du livre, E. et D.,* p. 107).

Une *graphologie psychanalytique*, greffée sur M. Klein plus que sur Freud, pourrait se constituer : elle étudierait les investissements divers auxquels sont soumis les gestes, les mouvements des lettres, les lignes, les points, les éléments de l'appareil d'écriture (instruments, surface, substance[19]). Le privilège de la psychanalyse, ici, sur les autres sciences, vient de ce qu'elle touche à la constitution originaire de l'objectivité et de la valeur de l'objet, à la constitution des bons et des mauvais objets comme catégories qui ne se laissent pas dériver d'une ontologie formelle théorique et d'une science de l'objectivité en général (*cf. Gramm.,* p. 132).

Toute la thématique de M. Klein pourrait éclairer le problème de l'archi-trace en termes de valorisation ou de dévalorisation : « L'écriture, douce nourriture ou excrément, trace comme semence ou germe de mort, argent ou arme, déchet ou/et pénis, etc. Comment par exemple, faire communiquer sur la scène de l'histoire, l'écriture comme excrément séparé de la chaîne vivante et du corps sacré de l'hiéroglyphe (Artaud) et de ce qu'il est dit dans *Nombres* de la femme assoiffée buvant la poussière d'encre de la loi ; ou dans *Ezechiel* de ce fils de l'homme qui remplit ses entrailles du rouleau de la loi devenu dans sa bouche aussi douce que le miel ? » (*E. D.,* p. 340.)

L'histoire de l'écriture pourrait bénéficier des considérations freudiennes sur la régression formelle de l'écriture onirique comme la « science des rêves » aurait intérêt à collaborer avec la graphématique plus qu'avec la linguis-

---

19. *Cf. Rôle de l'école dans le développement libidinal de l'enfant.*

tique, comme le pensait Freud qui ne réfléchissait pas la complicité de la linguistique avec la métaphysique.

A plusieurs reprises, en effet, Freud recourt aux remarques du linguiste Abel sur le sens opposé des mots primitifs, pour confirmer que le rêve marque un retour à l'archaïque : « [...] conception que nous nous sommes faite de l'expression de la pensée dans le rêve, conception d'après laquelle cette expression aurait un caractère régressif archaïque. Le langage du rêve serait mieux compris si on était plus instruit de l'évolution du langage[20]. » L'écriture onirique, comme les langues primitives selon Abel, ne connaît pas, en effet, la contradiction : « La manière dont le rêve exprime les catégories de l'opposition et de la contradiction est particulièrement frappante : il ne les exprime pas, il paraît ignorer le non. Il excelle à réunir les contraires et à les présenter en un seul objet. Il représente souvent aussi un élément quelconque par son contraire, de sorte qu'on ne peut savoir si un élément du rêve susceptible de contradiction, trahit un contenu positif ou négatif dans la pensée du rêve[21]. » Ainsi, dans la langue égyptienne, par exemple, certains mots enferment deux sens opposés. Une telle absurdité lui paraît incompatible avec le haut degré de civilisation auquel était parvenue l'Égypte : une certaine complicité entre la logique, la morale et l'économie semble aller de soi : « L'Égypte possédait une morale pure et pleine de noblesse [...]. Comment concilier ces faits avec cet autre que les Égyptiens se soient permis une langue aussi étrange et contradictoire[22] ? »

Aussi Abel vise-t-il, par une démarche qui n'est pas sans analogie avec celle de Hegel, à « relever » le carac-

---

20. *Le sens opposé des mots primitifs.*
21. *L'"interprétation des rêves.*
22. *Le sens...*

tère contradictoire de la langue : il faudrait y voir un simple moment du développement de la raison, nécessaire à la communication et à l'élaboration du concept. Ainsi Hegel remarque que la langue allemande qui possède nombre de mots primitifs à double sens (par exemple *Aufhebung*[23], *Urteil, Meinen, Beispiel*, etc.) est par là-même des plus spéculatives qui soient, essentiellement dialectique.

« S'il faisait toujours clair nous n'aurions à faire aucune comparaison entre clair et obscur et nous ne posséderions ni le concept ni le mot de clarté [...]. Tout concept se trouvant devoir être le frère jumeau de son contraire, comment aurait-il pu être une première fois pensé, comment aurait-il pu être communiqué à d'autres qui essayaient de le penser, sinon en le mesurant à son contraire ? » (Abel cité par Freud.)

Abel semble hésiter entre la conception d'une langue spéculative à la manière de Hegel et l'idée d'une langue comme tissu de différences et de traces mais décide en faveur de la première : « Comme on ne pouvait concevoir le concept de force en dehors du contraste avec la faiblesse, le mot qui exprimait « *fort* » acquit un ressouvenir simultané du « *faible* », concept grâce auquel il avait au début reçu l'existence. En réalité, ce mot ne désigne vraiment ni fort ni faible mais seulement le rapport entre les deux et la différence qui les avait unis tous deux. Or l'homme n'a pu acquérir ses notions les plus anciennes ou les plus élémentaires que par l'opposition d'un contraire à un contraire et ce n'est que peu à peu qu'il a appris à séparer les deux termes de l'antithèse et à penser chacun des deux sans le mesurer consciemment à l'autre. » (*Ibidem.*) Pour Abel la finalité est de parvenir à effacer la

---

23. Pour ce problème chez Hegel, *cf.* J. L. Nancy, *Une remarque spéculative — un bon mot de Hegel*, Galilée.

double entente, à se faire comprendre en éliminant toute équivocité : la mixité originaire est une déficience, marque de l'aurore de la langue ; elle doit être remplacée par la propriété stricte des termes. Déjà la langue et l'écriture archaïques inventaient des moyens pour se faire entendre sans ambiguïté : les mots à double entente étaient accompagnés d'images déterminatives dans l'écriture ; dans la langue parlée, un geste rompait l'indétermination. Enfin « les mots originairement à double sens se séparent dans la langue ultérieure en deux mots à signification unique ».

L'appel que Freud fait à Abel pourrait être dangereux : il pourrait faire penser que la « logique » archaïque du rêve est relevable par la logique de la conscience, que l'obscurité des nuits est un moment qui sera dépassé par la clarté du jour comme l'enfant l'est par l'adulte. Mais Freud « résiste » à une telle interprétation métaphysique. Dans les mots primitifs il ne remarque pas seulement l'opposition du sens mais aussi le retournement éventuel de l'élocution. Comment, ici, opérer une relève idéalisante ? Abel, pourtant, essaie de rationaliser cet étrange retournement : l'évolution des langues produirait un redoublement de la racine. Freud, face à cette explication, reste sceptique et renvoie au plaisir infantile de jouer avec les mots, de renverser les sons. Pour Abel, comme pour Hegel, l'enfance est toujours celle de la philosophie, toujours elle est destinée à être relevée par la philosophie. Le recours aux langues primitives par Freud, est, au contraire, destiné à souligner la permanence d'un *reste* irrelevable : celui de l'enfance dans l'adulte, celui de traces archaïques dans le rêve, spécifiques de son écriture et qu'aucune dialectique ne peut sublimer. Contrairement à la finalité des langues primitives, l'écriture onirique ne vise pas à se faire entendre : l'écriture ne parle pas, les mots qui y figurent jouent autant par leur configuration et par leur sonorité que par leur sens, sont traités par le rêve comme des choses. Si les éléments du rêve peuvent « signifier » eux-mêmes ou leur contraire, c'est bien parce qu'ils ne veulent rien dire : ils mettent en scène, présentent des conflits de forces : « [...] fréquence avec laquelle l'élaboration du rêve se sert du renversement du matériel représentatif à diverses fins : ce ne sont plus dans ce cas des lettres mais des images dont l'ordre se trouve interverti. Nous serions donc plutôt disposés à rapporter le renversement des sons à un facteur agissant à une profondeur plus grande. » (*Freud, Le sens...*)

Loin de voir dans la double entente, l'amorce d'un mouvement dialectique, Freud considère la duplicité ambivalente des termes comme un moyen pour l'inconscient d'exprimer une double détermination, une ambivalence, un conflit indépassable : « Le sens originaire opposé des mots représente le mécanisme préformé dont se sert, au bénéfice de maintes tendances, le lapsus qui consiste à dire le contraire de ce qu'on voulait. » (*Ibidem.*)

Le passage d'une double détermination à l'univocité n'est pas la conséquence d'un progrès de la raison mais du refoulement. Freud semble admettre l'hypothèse du philologue Sperber d'une langue fondamentale (plus ou moins mythique) où les besoins sexuels auraient joué un rôle prédominant. Les premiers sons articulés auraient servi à communiquer des idées et appeler le partenaire sexuel. Le développement ultérieur des racines de la langue aurait accompagné l'organisation du travail. Les travaux auraient été effectués en commun avec un accompagnement de mots et d'expressions rythmiquement répétées : « On dirait que l'homme primitif ne s'est résigné au travail qu'en en faisant l'équivalent et la substitution de l'activité sexuelle. Le mot lancé au cours du travail en commun avait deux sens, l'un exprimant l'acte sexuel, l'autre le travail actif qui était assimilé à cet acte. Peu à peu, le mot s'est détaché de sa signification sexuelle pour s'attacher définitivement au travail [...]. Ce schéma ouvrirait une possibilité de comprendre le symbolisme des rêves [...]. Le rapport symbolique serait une survivance de l'ancienne identité des mots. » (*Introduction à la psychanalyse*, p. 152, Payot.) « Ce sont les classes de symbole dont on voit mal le rapport analogique avec ce dont ils sont le symbole qui tirent probablement leur origine des premières phases du développement linguistique et de la construction conceptuelle. Le philologue Sperber a montré que ce sont les mots qui à l'origine avaient une signification sexuelle qui ont le plus changé de sens. » (*L'Intérêt de la psychanalyse.*)

Certains symptômes hystériques, les associations sur le divan, les rêves, les lapsus, les mots d'esprit utilisent la double détermination des mots et l'imprécision du matériel verbal, sa plasticité, à des fins dissimulatrices. Mais la condition d'une telle dissimulation est l'équivocité « naturelle » de la langue refoulée par les progrès de la civilisation. Reportées à l'ambiguïté de la langue « fondamentale », les associations les plus arbitraires deviennent plausibles. Beaucoup de verbes actifs dérivent ainsi de termes copro-érotiques[24]. Ainsi l'hystérique a raison de « redonner à ses innervations les plus fortes, leur sens verbal primitif. Elle n'a peut-être pas pris le langage usuel comme modèle, mais peut-être a-t-elle puisé à la même source que lui[25] ».

La double entente, pour Freud, renvoie donc toujours à une double scène : aussi le psychanalyste s'en sert-il comme d'un procédé thérapeutique et didactique, pour aider le patient à faire réapparaître le sens refoulé[26].

24. *Cf.* les *Lettres à Fliess*, 79, 80 de 1897.
25. *Etudes sur l'hystérie.*
26. *Cf. L'homme aux rats* et *Délire et rêves dans la* Gradiva *de Jensen* ; notre étude à ce propos, « Résumer, interpréter » in *Quatre romans analytiques.*

Ainsi la double détermination de la langue peut être interprétée ou bien comme moment d'une démarche dialectique se développant dans le sens de l'univocité rationnelle, refoulant et relevant toute ambiguïté, toute polysémie ; ou bien comme condition de possibilité du jeu, du glissement de sens indéfini, de l'indécidabilité, « reste » infantile, « oriental » qui met en jeu le sérieux de la raison et du travail. Marque indélébile du désir. Dans ce cas, la première interprétation peut être lue comme une rationalisation, qui vise à relever le désir lui-même, qui sert de force de contre-investissement au désir.

Dès lors peu importe que Benvéniste[27] ait raison contre Abel, que tous les exemples que cite ce dernier soient historiquement et linguistiquement faux. La critique de Benvéniste porte davantage sur Abel que sur Freud et celui-ci, dans une certaine mesure, pourrait y souscrire. C'est au nom d'une logique hégélienne que l'argumentation « hégélienne » d'Abel se trouve elle-même réfutée : « Les catégories des langues anciennes, orientées autrement que les nôtres, ont néanmoins leur cohérence. Il est a priori improbable et l'examen attentif le confirme, que ces langues, si archaïques qu'on les suppose, échappent au « principe de contradiction » en affectant d'une même expression deux notions mutuellement exclusives ou seulement contraires [...]. A supposer qu'il existe une langue où « grand » et « petit » se disent identiquement, ce sera une langue où la distinction du « grand » et du « petit » n'a littéralement pas de sens et où la catégorie de la dimension n'existe pas et non une langue qui admettrait une expression contradictoire de la dimension. La prétention d'y rechercher cette distinction et de ne pas l'y trouver réalisée démontrerait l'insensibilité à la contradiction non dans la langue mais chez l'enquêteur. Car c'est bien

---

27. *Cf. Remarques sur la fonction du langage dans la découverte freudienne.*

un dessein contradictoire que d'imputer en même temps à une langue la connaissance des deux notions en tant que contraires et l'expression de ces notions en tant qu'identiques. » « Il en est de même de la logique particulière du rêve. Si nous caractérisons le déroulement du rêve par la liberté totale de ses associations et par l'impossibilité d'admettre une impossibilité, c'est d'abord parce que nous le retraçons et l'analysons dans les cadres du langage et que le propre du langage est de n'exprimer que ce qu'il est possible d'exprimer [...]. Tout paraît nous éloigner d'une corrélation « vécue » entre la logique onirique et la logique d'une langue réelle[28]. »

Benvéniste reproche à Freud de projeter dans un temps primitif ce qui lui paraît primitif dans l'homme : le primitif étant le conflictuel, il n'y aurait plus d'origine simple. Mais Freud, à un certain niveau de lecture, ne dit pas autre chose. L'idée d'origine est chez lui toujours mythique, destinée précisément à rendre intelligible le caractère indépassable des conflits.

Plus que du sens opposé des mots primitifs d'une langue, il conviendrait de rapprocher la double détermination de l'écriture onirique des indécidables derridiens. C'est bien le modèle du rêve qui sert à Derrida pour imposer l'idée d'une « contradiction » non-relevable. Il se fait ici complice de Freud contre la logique hégélienne : « En ne se laissant plus subsumer simplement sous la généralité de la contradiction *logique,* la différance [...] permet de tenir un compte différenciant des modes hétérogènes de la conflictualité ou, si l'on veut, des contradictions. « L'indécidable » qui n'est pas la contradiction dans la forme hégélienne [...] de la contradiction, situe, en un sens rigoureusement freudien, l'*inconscient* de

---

28. Benvéniste renvoie Freud — comme si celui-ci ne l'avait fait ! — à une comparaison plus appropriée avec le mythe et le poésie qui, comme le rêve, introduiraient un suspens du sens.

l'opposition philosophique, l'inconscient insensible à la contradiction en tant qu'elle appartient à la logique de la parole, du discours, de la conscience, de la présence, de la vérité, etc. » (*Positions,* p. 60, note 6.)

Les termes indécidables ont tous une valeur double, contradictoire, non pas tant à cause de la sédimentation en eux de deux valeurs opposées (dedans/dehors, continuité/discontinuité, identité/différence, plus/moins etc.) qu'en raison de leur syntaxe intérieure « articulant et combinant sous le même joug deux significations incompatibles », ou de leur syntaxe extérieure « dépendant du code dans lequel on fait travailler le mot ». (La distinction d'une syntaxe extérieure et intérieure n'étant plus guère pertinente.) Ces notions ont à voir, plus qu'avec la polysémie, avec le jeu, l'écriture, la dissémination. Aucun « ne se laisse médiatiser, maîtriser, relever, dialectiser par *Erinnerung* et *Aufhebung* [...] ». Ils *détruisent* l'horizon trinitaire [...], ils y ajoutent toujours le plus et le moins d'un quatrième terme. » (*Cf. Hors livre,* p. 32, *Double séance,* p. 250.) « Sans relève dialectique, sans relâche, ils appartiennent [...] à la fois à la conscience et à l'inconscient dont Freud nous dit qu'il est [...] insensible à la contradiction. En tant qu'il dépend d'eux [...] le texte joue donc une *double scène*. Il opère en deux lieux absolument différents, même s'ils ne sont séparés que d'un voile [...]. Double science à laquelle ces deux théâtres doivent donner lieu. » (*Double séance,* p. 250.) Parce que le texte de Freud inspiré par Abel, lu rapidement, pourrait être réinscrit dans le cercle logocentrique et trinitaire, Derrida, une fois de plus renvoie à *Das Unheimliche.*

D'abord parce que l'indécidable est par excellence *unheimlich* : atopique, sans foyer ni patrie, ne revenant jamais au père. De plus *Heimlich* est lui-même un de ces termes indécidables « un mot dont le sens se développe vers une ambivalence jusqu'à ce qu'enfin il se rencontre avec son contraire ». Tel est l'aboutissement d'une recherche qui pensait trouver « un noyau de sens particulier » correspondant à un mot particulier. Néanmoins l'ambivalence d'*Heimlich* est explicable rationnellement : l'*Unheimlich* qui est dans tout *Heimlich* est un genre d'*Heimlich*. Le passage, à l'intérieur du mot, d'un sens à son opposé est dû à une évolution et passe par une médiation : on passe du sens « familier », au sens « caché », « dissimulé » par l'intermédiaire suivant : « Ce qui est soustrait aux regards étrangers » d'où secret.

Les premiers résultats, obtenus à partir d'une recherche lexicale, sont donc relativement rassurants : l'unité du terme est reconstituée en dépit de la contradiction qu'il enferme. Le deuxième moment de la démarche freudienne consiste à faire le relevé des différents cas d'*Unheimlichkeit*. Il confirme le premier moment, tout en accentuant l'indécidabilité de la notion. Les différents cas cités semblent difficilement réductibles à un noyau de sens unique. Freud, pourtant, *veut* l'unité. L'*Unheimlichkeit* serait une catégorie d'angoissant : quelque chose de refoulé (le *un* de *Unheimlichkeit* étant la marque du refoulement), même s'il n'est pas angoissant à l'origine, produit, lorsqu'il se manifeste à nouveau, un effet d'inquiétante étrangeté. L'*Unheimliche* est un genre d'*Heimliche,* car « cet *Unheimliche* n'est en réalité rien de nouveau, d'étranger, mais plutôt quelque chose de toujours familier à la vie psychique et que le processus du refoulement seul a rendu autre ». La peur d'être enterré vivant, par exemple, qui, à première vue, semble irréductible à la définition générale, en relève pourtant, car elle renvoie au fantasme bienheureux d'un retour dans le ventre maternel. L'effacement des limites entre l'imaginaire et le réel, l'exagération de l'importance de la réalité psychique par rapport à la réalité naturelle, produisent un effet d'*Unheimlichkeit,* parce qu'autrefois dans l'enfance, notamment durant le stade narcissique, un tel effacement, une telle surestimation psychique ont eu lieu.

Malgré une démarche qui dissémine la notion, un noyau central est « récupéré », mettant l'accent plus sur le familier que sur l'étrangeté : l'étrangeté est dans la méconnaissance du familier ; c'est le refoulement qui produit l'hésitation du sens, renvoyant en dernière analyse à un conflit entre le conscient et l'inconscient. Plus que d'indétermination ou d'indécidabilité, il s'agit là encore d'une double détermination. L'ambivalence advient par le processus du refoulement.

Par ce premier geste, Freud *veut* donc l'unité du sens, la réduction de l'étrange au connu, le retour du refoulé dans sa patrie. Et il faut toute l'ingéniosité freudienne pour mener à bien cette opération : par exemple, l'angoisse d'être enterré vivant, si elle renvoie bien au retour dans le ventre maternel, pourrait n'être pas due seulement à un retournement en son contraire d'un plaisir originaire : Freud ne nous apprend-il pas que la vue des organes génitaux féminins peut provoquer la terreur, la pétrification ?

Mais, par un autre geste, Freud déclare son insatisfaction devant la définition rigoureuse à laquelle il est parvenu et il reconnaît que l'énigme n'est pas résolue : « Peut-être est-il vrai que l'*Unheimlich* est le *Heimliche heimische,* « l'intime de la maison », après que celui-ci a subi le refoulement et en a fait retour, mais l'énigme n'est pas résolue. La proposition ne souffre pas le renversement. N'est pas nécessairement *unheimlich* tout ce qui rappelle des désirs refoulés et des modes de pensée réprimés propres aux temps primitifs de l'individu ou des peuples. » Le texte de Freud se termine sur cette indécision[29].

---

29. *Note de la deuxième édition* : pour une lecture plus détaillée de *Die Unheimlichkeit,* cf. *Le Double e(s)t le diable,* in *Quatre romans analytiques.*

Complexité donc du geste de Freud, qui, à la fois, voudrait sauvegarder l'unité, l'univocité, mais aussi le jeu, l'enchaînement infini des substituts, qui admet une contradiction onirique irrelevable, un reste qui ne passe jamais à la conscience, une analyse interminable, et ceci non seulement à cause de la surdétermination des symptômes et de la polysémie des termes. C'est du côté de ce geste de Freud que Derrida, avec sa notion d'indécidable, croise la psychanalyse. Lorsque celle-ci, par contre, vise à transformer la double entente en bonne entente, à traduire un langage obscur en un langage clair, un langage métaphorique en des concepts techniques ; lorsqu'elle prétend interpréter en transposant le contenu manifeste en un contenu latent, détail par détail, sans reste, alors elle se prête à une relève dialectique et échappe au jeu sans fin de la dissémination. Parlant le langage de la vérité, elle décide du sens, met fin à la crise : « Nous savons déjà que les éléments analogues des matériaux latents sont remplacés dans le rêve manifeste par des condensations. Or les contraires sont traités de la même manière que les analogies et sont exprimés de préférence par le même élément manifeste. C'est ainsi qu'un élément du rêve manifeste qui a son contraire peut aussi bien signifier lui-même que son contraire ou l'un et l'autre à la fois. Ce n'est que d'après le sens général que nous pouvons décider de notre choix quant à l'interprétation. » (*Introduction à la psychanalyse,* p. 163.) Par l'interprétation, la psychanalyse fait « parler » le rêve, réduit donc la spécificité de son écriture à un ensemble d'énigmes déchiffrables. Énigme dont le symbole est le sphinx : dès lors l'inconscient peut être considéré comme un moment de la dialectique spéculative, celui du symbolisme hiéroglyphique : là où il y a énigme, il y a toujours un déchiffreur d'énigmes, Œdipe[30].

30. *Cf. Le Puits et la pyramide, Marges,* p. 117.

Reste non relevable ce qui appartient à l'économie générale de la mort. Est véritablement *unheimlich* la mort, la pulsion de la mort qui travaille en silence ; dont le travail n'est pas le contraire de la clameur ; qui entame toute clameur : la pulsion de mort, marque de l'altérité radicale, du dehors absolu. Les indécidables derridiens jouent tous avec la mort qu'ils portent inscrits en leur « dedans ».

L'originalité de Derrida c'est de mettre fin à un procès de traduction et de décision par une pratique formelle et syntaxique de l'indécidabilité. Pratique qui efface, dans l'écriture, l'opposition des processus conscients et inconscients. L'indécidabilité derridienne, bien que jouant toujours sur une double scène, ne renvoie pas à « l'inaccessible d'un secret ». Elle est liée à une opération textuelle qui implique, au minimum, une double entente.

Ce que Freud explique par le refoulement est réinscrit par Derrida dans l'économie générale du texte. Greffées sur la double détermination freudienne, les marques indécidables le sont aussi sur les « concepts intenables » de Bataille[31]. Il s'agit pour Derrida, comme pour Bataille, d'échapper à l'aporie suivante : dès que l'on parle ou écrit, on donne raison à Hegel. Le moyen stratégique, pour déjouer la philosophie, est de constituer une syntaxe indécidable, de recourir au jeu et au simulacre pour plier le discours en une contorsion telle qu'il échappe à la logique commune. Bataille reprenant, un à un, tous ses concepts à Hegel, les soumet à un « tremblement » qui les déplace dans une nouvelle configuration. Seul peut excéder la maîtrise et la relève philosophiques l'espace de l'écriture qui suspend l'époque du sens[32].

---

31. *Cf. Le Petit.*
32. *Cf. De l'Économie restreinte à l'Économie générale*, notamment pp. 371, 313.

L'indécidabilité derridienne se distingue de celle du rêve par l'affirmation joyeuse de la fête, de l'écriture : faisant partie d'un stratagème elle n'est pourtant pas un subterfuge pour échapper à une censure quelconque. La « graphématique » apprend ici à la psychanalyse que, si elle veut se soustraire à la réduction métaphysique, elle ne doit pas arrêter l'indétermination de l'écriture des rêves, des symptômes, de la littérature ; qu'elle doit, sans cesse, la relancer dans un jeu indéfini.

## Psychanalyse et littérature

Parce que, trop souvent, la psychanalyse arrête le jeu, quand elle fait l'analyse d'un texte littéraire, elle est plus respectueuse du « signifié » que du « signifiant », elle est aveugle à « une certaine structure de la scène textuelle ». Pour Derrida il s'agit sur ce point à la fois d'ouvrir la question de l'écriture philosophique ou littéraire à la psychanalyse, rompant un champ relativement clos, mais aussi d'ouvrir la psychanalyse à la question de l'écriture[33]. Derrida s'oppose à la fois à une lecture formaliste et à une lecture herméneutique, thématique-sémantique, selon le schéma critiqué dans *La Double séance*. Voir dans un texte l'illustration d'une vérité relève du logocentrisme. Ainsi Lacan, lisant *La Lettre volée* de Poe, méconnaîtrait « la carte, le fonctionnement ou le fictionnement du texte de Poe, de son enchaînement à d'autres [...]. La *carrure* d'une scène d'écriture qui s'y joue [...]. Cette méconnaissance me paraît systématiquement déterminée par les limites [...] du logocentrisme [...]. Elle n'est

33. *Cf. Positions*, p. 110.

peut-être pas la méconnaissance du « littéraire » [...] et il ne s'agit pas [...] de préserver le littéraire des atteintes de la psychanalyse [...]. Il y va, il s'*agit* [...] d'un certain tour de l'écriture qui s'indique en effet souvent sous le nom de « littérature » ou « d'art », mais qui ne peut se définir que depuis une déconstruction *générale* qui résiste à (ou à quoi résiste) non pas *la psychanalyse en général* (bien au contraire) mais une certaine capacité, une certaine pertinence [...] des concepts psychanalytiques qu'on y mesure à une certaine étape de leur développement. De ce point de vue certains textes « littéraires » ont une capacité « analytique » et déconstructrice plus forte que certains discours psychanalytiques qui y *appliquent* leur appareil théorique, tel état de leur appareil théorique avec ses ouvertures mais aussi ses présupposés à un moment donné de son élaboration » (*Posit.*, pp. 1, 18) [34]. Une fois encore Derrida épargne *Das Unheimliche* qui, plus que d'autres textes de Freud, permettrait la reconstitution d'une logique qui compliquerait certains discours régionaux de Freud sur la littérature et sur l'art : l'hypothèse de la pulsion de mort, le nouveau concept de répétition qu'elle implique, introduit l'idée d'une mimésis originaire. La littérature dès lors ne peut plus être conçue comme l'illustration seconde d'un substitut originaire, elle devient une mémoire originale et spécifique, irréductible à tout autre. Le texte littéraire n'est pas la projection déformée de fantasmes inconscients qui lui préexisteraient, dans la plénitude de leur sens. Le fantasme « in-

---

34. *Note de la deuxième édition* : pour la lecture de *La Lettre volée* cf. *Le Facteur de la vérité* in *La carte postale*, Flammarion. Pour une lecture du *Facteur de la vérité* qui retourne contre Derrida les arguments utilisés par ce dernier contre Lacan, *cf.* Barbara Johnson, « The Frame of reference : Poe, Lacan, Derrida » in *Psycho-analysis and the question of the text,* Baltimore John Hopkins University Press, 1978. Pour une critique du texte de B. Johnson, *cf.* Marian Hobson, « *Deconstruction, Empiricism, and the postal services* », in *French Studies,* july, 1982.

conscient » se structure et se constitue après coup, à partir du texte littéraire[35]. Ce que Derrida théorise et met en pratique, c'est une nouvelle conception des rapports entre l'existence et le texte, entre ces deux formes de textualité et l'écriture générale dans laquelle elles s'articulent : seule la graphique de la supplémentarité rend intelligible une telle articulation.

La lecture que Derrida fait des textes, plus particulièrement de ceux de la métaphysique, permet de voir ce que pourrait être une « psychanalyse » qui tiendrait compte de l'apport de la graphématique.

## Le rebut

C'est peut-être par la qualité de son attention aux textes que Derrida est le plus proche de la psychanalyse et de son écoute. Si l'écoute de Derrida n'est ni libre ni flottante, elle est oblique : « La finesse de l'ouïe est en rapport avec l'obliquité du tympan. » Elle louche sur les moindres détails, sur tout ce qui dans la tradition logocentrique est considéré comme le rebut, reste négligeable et secondaire. Or Freud apprend qu'un détail, insignifiant en apparence, peut porter l'essentiel car le centre d'intérêt sur lequel s'investit l'énergie est souvent *déplacé*

---

35. *Cf.* Notre *Enfance de l'art* (Payot, 1970) qui relisant les textes de Freud, dans leur totalité, dans une perspective derridienne, montre la complexité de la position freudienne à l'égard de l'art. Il nous semblait alors que, même avant *Das Unheimliche* et l'hypothèse de la pulsion de mort, la conception freudienne, si on tenait compte, non seulement de ce que Freud *disait* mais *faisait*, échappait déjà à une interprétation logocentrique. Le texte sur *Gradiva* paraît décisif. Une attention au signifiant littéraire commande toute la lecture.

à cause de la censure[36]. La méthode analytique se caractérise, quel que soit son champ d'application, par une telle attention à ce qui est négligé par toute autre[37].

Derrida prête attention à tout ce qui occupait une place secondaire, déplaçant ainsi les hiérarchies, subvertissant l'ordonnance assurée du discours philosophique : mettant l'accent sur l'écriture plus que sur la parole, sur le signifiant plus que sur le signifié, il déplace les limites du rhétorique et du philosophique. Plus qu'au contenu, il s'intéresse au ton[38], à la situation précise d'un texte dans un ensemble. Ainsi, il note le rejet par Platon en fin de dialogue et la forme mythique de la « scène » de l'écriture, traitée comme un appendice ; le rabaissement de l'écriture par Rousseau est également réfléchi par la situation du chapitre sur l'écriture dans *L'Essai sur l'origine des langues* après le chapitre sur l'origine des langues en supplément additif : dans la structure de *L'Essai,* « la théorie de l'écriture suit la généalogie de la parole et se propose comme une sorte d'appendice supplémentaire » (*Gramm.,* p. 339).

---

36. « Les éléments qui nous paraissent essentiels pour le contenu ne jouaient dans les pensées du rêve qu'un rôle très effacé. Inversement ce qui est visiblement l'essentiel des pensées du rêve n'est parfois pas du tout représenté dans celui-ci. Le rêve est autrement centré. Son contenu est rangé autour d'éléments autres que les pensées du rêve. Il y a lors de la formation du rêve, transfert et déplacement des intensités psychiques des divers éléments. » (*L'interprétation des rêves*, p. 263, P.U.F.)

37. *Cf. Le Moïse de Michel-Ange* où Freud compare sa méthode à celle de Morelli qui avait trouvé le moyen de distinguer copies et originaux en toute certitude : « Il obtint ce résultat en faisant abstraction de l'effet d'ensemble et des grands traits d'un tableau et en relevant la signification caractéristique de détails secondaires, minuties telles que la conformation des ongles, des bouts d'oreilles, des auréoles et autres choses inobservées que le copiste néglige mais sont néanmoins exécutées par chaque artiste d'une manière qui le caractérise. Je crois sa méthode apparentée de très près à la technique médicale de la psychanalyse. Elle aussi a coutume de deviner par des traits dédaignés ou inobservés, par le rebut de l'observation, les choses secrètes ou cachées. »

38. *Note de la deuxième édition* : *cf. D'un ton apocalyptique adopté naguère en philosophie*, Galilée, 1983.

Derrida privilégie des textes courts ou inédits, ou non traduits, parfois inclassables, d'une date incertaine. Des fragments (*cf. Gramm.,* p. 214 et sq.). Privilège qui peut paraître exorbitant. Le point de départ de la critique du *cogito* dans son rapport à la folie telle que l'a faite Foucault sont trois pages prélevées dans un livre de 673 pages, dans un prologue pour ainsi dire au deuxième chapitre, et qui ont trait à la *Première Méditation* de Descartes. Or Derrida prétend que tout le projet de Foucault se concentre « en ces quelques pages allusives et un peu énigmatiques ».

Une importance particulière est accordée par Derrida aux *notes,* mises en bas de page, souvent écrites en lettres plus petites ou rejetées en fin de livre : déplacement stratégique de la valeur des notes qui subvertit l'ordre hiérarchique entre le « bas » et le « haut », décentre le texte, met fin à l'idée d'un corps principal dont les notes seraient annexes supplémentaires, négligeables. Non sans humour, *Ousia et grammè* se donne comme une note sur une note de *Sein und Zeit* (*cf. Marges,* p. 31). De plus, tout le nerf de l'argumentation de Derrida repose sur l'attention portée à un « petit » mot de trois lettres d'Aristote : *ama.* Note de *Sein und Zeit* qui permet à Derrida de toucher à la fois à un centre et à une marge du texte d'Aristote. Note qui annonce des développements différés par Heidegger qui « promet déjà le deuxième tome de *Sein und Zeit* mais [...] en le *réservant* à la fois comme un déploiement à venir et un enveloppement définitif » (*Marges,* p. 38).

*Freud et la scène de l'écriture* met l'accent sur un texte négligé jusqu'alors par toute la littérature psychanalytique, la *Note sur le bloc magique,* mise de côté, parce que simple note, parce que portant sur une métaphore, parce qu'ayant trait à l'écriture.

Examinant les rapports de la nature et de la société chez Rousseau, Derrida note que la loi de la prohibition de l'inceste n'est jamais nommée dans l'exposé du *Contrat social,* mais seulement dans une note en bas de page, dans un essai inédit. (*Gramm.,* p. 374.)

*Le Puits et la Pyramide* qui a trait à la théorie du signe chez Hegel s'attache surtout aux remarques et à l'agencement des remarques, beaucoup plus longues parfois que les paragraphes auxquels elles sont adjointes (*cf. Marges,* p. 84). Décalage entre le corps du texte et son annexe auquel s'ajoute une certaine contradiction : « Hegel critique un peu plus loin ceux qui n'accordent à la sémiologie que la place et l'importance d'un appendice. » (P. 96 ; *cf.* aussi p. 100.)

Si l'attention au « rebut » relève d'une écoute analytique, Derrida, pour rendre compte de la subversion qu'il opère, ne s'en tient pas à la notion psychanalytique de déplacement. Une fois de plus il radicalise le point de vue « psychologique » par la recherche des conditions de possibilité : accorder une importance aux notes, et à tout ce qui semble en marge du texte dit « principal », n'est légitime que si on admet la graphique de la supplémentarité, un supplément qui ne soit pas une addition extérieure à un texte autosuffisant et plein. On comprend alors « le fonctionnement d'une note en bas de page [...] aussi bien que d'un exergue et en quoi pour qui sait lire ils importent parfois plus que le texte dit principal ou capital » (*Double séance,* p. 230).

L'opération de « déplacement » déporte le texte loin de son foyer, le rend elliptique : elle fait comprendre qu'il possède au moins deux foyers, elle met fin à l'idée d'un texte refermé sur lui-même comme un cercle parfait (*cf. La forme et le vouloir-dire, Marges,* p. 207). Les notes constituent des « réserves » économiques qui ouvrent sur des textes à venir qu'elles annoncent. Fin du cercle et fracturation du triangle, écartèlement du texte : ni haut ni bas privilégiés, si ce n'est tactiquement, absence de centre, toujours un supplément de plus ou de moins ; texte, blason à quatre branches. Derrida, philosophe « unheimlich », de l'écart, de l'écartèlement, de la mise à l'écart, catastrophique et « monstrueux » (*cf. Gramm.,* pp. 57, 61, 62), fait perdre toute défense, provoque l'angoisse de castration. Freud rappelle que le triangle, le trois, est le symbole du phallus et que la trinité est un symbole sexuel maxculin : « Ce qui est certain, c'est que si des objets composés de trois parties [...] ont donné leur forme à certaines armes et à certains emblèmes, ce fut uniquement en raison de leur signification symbolique [...]. Les reproductions de l'organe sexuel masculin étaient considérées dans l'Antiquité comme de puissants moyens de défense. » (*Introd. à la psych.,* p. 149.)

Le privilège stratégique accordé au bas requiert la suspension du haut, du titre, qui parle trop haut, porte le front haut. Suspension de la voix du père qui détient les titres et qui clame le sens du texte en haut de la page, le commandant comme un centre éminent. Avec Mallarmé Derrida enjoint « de faire taire le titre » parce que le titre domine. Suspendu le titre l'est aussi parce qu'il reçoit sens de ce qui vient après. Le titre « blanc germinal ou séminal » est de fait un post-scriptum. *Tympan, La Pharmacie* sont la mise en scène d'un titre, *La Double séance,* la mise en scène d'un exergue : « Mise en scène d'un titre, d'un incipit, d'un exergue, d'un prétexte, d'une « préface », d'un seul germe (qui) ne fera jamais un début [...]. Ainsi *se fracture* le triangle des textes. » (*Hors livre,* p. 50.)

Attention particulière de Derrida à un autre « déchet » : la préface. Une perspective hégélienne la destine à présenter le texte et à s'annuler ensuite comme une écorce vide, inessentielle, extérieure au corps du texte. Pour Derrida, ce simple « rebut » demeure, n'est pas entièrement relevable par la dialectique, reste et s'ajoute au texte subséquent (*cf. Hors livre*, p. 13). Derrida apprend à compter avec ce reste, ne serait-ce que parce qu'il possède une autonomie répétitive, que les préfaces demeurent lisibles même coupées du texte subséquent, même lues dans un autre ordre : cela « veut dire » entre autres choses « qu'il appartient à la structure *restante* de la lettre qui n'a pas de trajet propre, de toujours pouvoir manquer à sa destination » (*Hors livre,* p. 57, note 33) ; *cf.* aussi *Pharmacie,* (p. 73[39]). Si la préface n'est pas relevable dans le procès de la vérité c'est qu'elle est sans lieu propre, échappant aux catégories dialectiques ; parce que n'étant ni au dedans ni au dehors du livre, inscrite en deux lieux à la fois, hybride, la préface-biface est en même temps postface : l'anticipation et la récapitulation se rejoignent circulairement (*cf. H.L.,* p. 26).

Hegel et Derrida annulent tous deux l'idée rhétorique de préface : le premier parce qu'il la fait fonctionner comme moment du texte principal, le second, parce que la dissémination exclut l'idée d'une production textuelle inaugurale : la « préface » relève d'une économie textuelle. Dans les deux cas, la préface est fiction. Dans *La Dissémination* il s'agit d'une préface simulacre « désorganisant dans sa fente toutes les catégories traditionnelles du livre », comme la préface hybride du renégat des *Chants de Maldoror* brouille les limites de la préface et du « corps » du texte (*cf. H.L.,* p. 42).

Tout ce qui était considéré par la tradition philosophique comme hors texte, hors d'œuvre, en marge du texte, soumis plus particulièrement à l'« écoute » derridienne, se trouve réinscrit dans le texte. Ainsi en est-il de l'exergue « petit espace hors œuvre qui se pratique dans une médaille pour y mettre l'inscription, la date » (Littré).

---

39. *Note de la deuxième édition, cf. Le Facteur de la vérité* et *Envoi* in *La carte postale,* Flammarion.

Derrida par simulacre répète l'exergue, mais, en la faisant travailler par le corps du texte, cesse d'en faire une simple citation collée à la surface.

Même attention et même travail effectué sur appendice et post-scriptum considérés jusqu'alors comme excréments. Re-marquant ces notions, Derrida les déplace, les répète dans le simulacre, brouillant les marques du dedans et du dehors, de la fin et du commencement. Déplacement généralisé des notions qui n'est pas un simple renversement mais leur jeu dans un autre champ : simulacre joué d'une postface, « en affectant de regarder en arrière et de faire retour, on *relance,* on ajoute alors un texte, on complique la scène, on pratique dans le labyrinthe l'ouverture d'une digression supplémentaire, d'un faux-miroir aussi qui en enfonce l'infinité dans une spéculation mimée, c'est-à-dire sans fin. Restance textuelle d'une opération qui n'est ni étrangère ni réductible au corps dit « principal » d'un livre [...]. La dissémination proposerait une certaine théorie [...] de la *digression* [...]. *Hors livre* [...] serait l'esquisse hystérocolaire d'un *appendice* fort différencié dans sa structure [...] à tous les traités [...] du *post-scriptum* » (*H.L.,* pp. 33-34, note 15).

Attention donc de Derrida à tout ce qui se donne comme suppléments, écrits « après-coup ». En allemand *Nachtrag* dit à la fois l'après-coup, l'appendice, le codicille, le post-scriptum : « Le texte qu'on appelle présent ne se déchiffre qu'en bas de page, dans la note ou le post-scriptum. Avant cette récurrence, le présent n'est qu'un appel de note. » (*Freud et la scène,* [...] p. 314.) Notion freudienne d'après-coup radicalisée par Derrida et dont la condition est la « supplémentarité ». Cette notion permet de comprendre la textualité générale aussi bien que la textualité au sens restreint.

## La double lecture

Cette re-marque des « détails » qui déplace les lieux du texte, qui conserve les « reliefs » permet à Derrida d'opérer une lecture qui mime celle de la psychanalyse : il considère comme des *symptômes* un certain nombre de contradictions inscrites dans le texte métaphysique. Contradictions dont la cohérence renvoie à la force d'un désir. Tout en usant avec réserve et prudence des concepts psychanalytiques (tels que symptôme, refoulement, rêve, hallucination) qui ont montré dans un autre champ une certaine efficacité, Derrida s'interroge en particulier sur le désir qui a bien pu mouvoir toute la métaphysique pour reléguer ainsi l'écriture au dernier rang ; il s'interroge sur les désirs qui ont pu s'investir dans l'écriture pour que les descriptions, les argumentations philosophiques ou scientifiques soient marquées, s'agissant de l'écriture, d'une telle surcharge passionnelle et éthique. La lecture de Derrida montre que le texte de la métaphysique fonctionne comme un rêve, à l'insu de ceux qui l'ont écrit, comme un lieu d'accomplissement, plus ou moins censuré, de désirs refoulés. Le texte de la métaphysique qui se joue sur une double scène, qui est écrit d'une main double, l'une effaçant ce que l'autre écrit, réclame une double lecture, une double entente, une double science.

« J'ai essayé de remettre la philosophie en scène, dans une scène qu'elle ne gouverne pas. » (*Positions,* p. 69.)

« Écriture [...] qui donne [...] à lire les philosophèmes, et par suite tous les textes appartenant à notre culture comme des sortes de symptômes (mot que je suspecte bien sûr [...] de quelque chose qui *n'a pas pu* se présenter dans l'histoire de la philosophie, qui n'est d'ailleurs *présent nulle part,* puisqu'il s'agit dans toute cette affaire de mettre en question cette détermination majeure du sens de l'être comme *présence* [...]. On peut suivre le traitement de l'écriture comme un symptôme particulièrement révélateur [...]. Un tel symptôme est nécessairement et structurellement dissimulé pour des raisons et selon des voies que j'essaie d'analyser. » (*Pos.*, p. 15.)

« A quelle zone du discours appartient ce fonctionnement étrange de l'argumentation, cette cohérence du désir se produisant de manière quasi-onirique [...]. Comment ce fonctionnement s'articule-t-il avec l'ensemble du discours théorique à travers toute l'histoire de la science ? » (*Gramm.*, p. 67, à propos du statut accordé à l'écriture par Saussure.)

L'histoire de la métaphysique est déchiffrée comme celle d'un refoulement et d'une répression de l'écriture : « Ce refoulement constitue l'origine de la philosophie comme épistèmè : de la vérité comme unité du logos et de la phonè. » Refoulement et non oubli ; refoulement et non exclusion ou perte ou absence (*cf. Gramm.*, pp. 128-129). Toute la conceptualité philosophique, le texte métaphysique, sont envisagés comme le produit d'une opération qui consiste à laisser dans l'impensé les conditions de possibilité du système d'oppositions qui caractérise la philosophie (*cf. Gramm.*, p 416). Le texte métaphysique est un tissage qui sert de couverture et de protection contre la menace de l'écriture qui viendrait du dehors contaminer le dedans. (Dans *Le Politique*, Platon envisage l'art du tissage comme une espèce problématique de la protection. *Cf. Pharmacie*, p. 140.) Système de défenses pour maîtriser l'absence et la violence. Menace projetée à l'extérieur afin de dissimuler que la violence est toujours déjà là, à l'intérieur de la maison, constitutive de la parole. Protection contre l'angoisse « qui naît toujours d'une certaine manière d'être impliquée dans le jeu, pris au jeu, d'être d'entrée de jeu dans le jeu » (*Structure, signe, jeu*, E. et D., p. 410). En expulsant l'écriture, en la refoulant, en la rabaissant, la métaphysique voudrait retrouver une intégrité et une pureté projetées mythiquement à l'origine, en ces temps lointains où la présence se serait offerte sans différence et sans souillure. Projection au dehors et à l'origine de ce qui toujours déjà a été au dedans : la marque, le jeu, la différence, l'écriture. Parce qu'il s'agit de se défendre de ces « suppléments dangereux » qui renvoient en définitive à la mort, le ton de l'argumentation qui vise à rabaisser l'écriture est toujours singulier, venant démentir la froideur objective d'un discours philosophique ou scientifique : Rousseau a « honte » de parler de la « niaiserie de l'écriture » (*Émile*) ; Saussure fait le procès d'une hérésie. Plus qu'à une erreur théorique, il s'attaque à une faute morale : à une souillure et à un péché. L'écriture est « un vêtement de perversion, de dévoiement, habit de corruption et de déguisement, un masque de fête qu'il faut exorciser [...]. [Or] le dehors entretient avec le dedans un rapport qui [...] n'est rien moins que de simple extériorité » (*Gramm.*, p. 52) ; l'action en retour de l'écriture sur la parole est considérée comme « vicieuse », comme un fait pathologique ; le culte de la lettre est « pervers » (*cf. Gramm.*, p. 57). Déconstruire cette tradition ne consistera pas pour Derrida à « innocenter » l'écriture mais « à montrer pourquoi la violence de l'écriture ne *survient* pas à un langage innocent. Il y a une violence originaire de l'écriture parce que le langage est d'abord [...] écriture. L'« usurpation » a toujours déjà commencé » (p. 55). Saussure ne s'interroge pas sur la possibilité de l'usurpation qu'il met au compte d'une psychologie des passions et de l'imagination plaçant ainsi la linguistique sous la juridiction de la psychologie (*cf.* p. 59). « Tout se passe comme si Saussure voulait *à la fois* démontrer l'altération de la parole par l'écriture, dénoncer le mal que celle-ci fait à celle-là et souligner l'indépendance inaltérable et naturelle de la langue [...]. Et pourtant la nature serait affectée du dehors par un bouleversement qui la modifie en son dedans. » (P. 61.) Contradiction cohérente qui renvoie à la force d'un désir : ne pas supporter que la « parole vive » soit agressée par l'écriture, c'est vouloir soustraire la langue maternelle à la violence et à la déformation, à l'inceste (*cf.* p. 82). Toute l'opération défensive de la métaphysique consiste donc à réduire la différence en chassant l'autre, le double, le mal à l'extérieur, sous le nom d'écriture : « L'écriture est née d'une coupure et d'une expatriation premières la vouant à l'errance, à l'aveuglement et au deuil. Parole leurrée de se croire toute vive et violente, de n'être capable de se défendre [...] qu'en chassant l'autre et d'abord *son* autre, le précipitant *dehors* et *en bas* sous le nom d'écriture. » (P. 59.)

Dans cette opération de maîtrise, l'écriture au sens restreint sert de bouc émissaire : on l'attaque, pour mieux dissimuler que l'ennemi est l'archi-écriture. Déplacement nécessaire qui désigne l'architrace mais la laisse « enfouie » (*cf.* p. 238). Si Derrida continue à appeler « écriture » la différance, c'est bien parce que l'écriture, de par le déplacement opéré, a joué le rôle d'un « représentant » de l'archi-écriture : « Dans le travail de répression historique, l'écriture était par sa situation destinée à signifier le plus redoutable de la différence. Elle était ce qui, au plus proche, menaçait le désir de la parole vive, ce qui du dedans et dans son commencement l'*entamait*. Et la différence ne se pense pas sans la *trace*. » (*Gramm.*, p. 83.)

Clivage entre le « bon » et le « mauvais », projection du mauvais à l'extérieur, dénégation de la coupure interne : les processus que la métaphysique met en œuvre rappellent davantage ceux de la psychose que ceux de la névrose. Le « refoulement » au sens névrotique du terme n'intervient qu'après ces défenses plus archaïques. Pour comprendre l'histoire de la métaphysique, les catégories kleiniennes semblent mieux convenir que celles de Freud. Impossibilité pour la métaphysique d'accepter le mélange afin de conserver intact le bon objet : le désir de pureté, d'intégrité, d'innocence originaire, renvoient à la peur de perdre le bon objet, par contamination ou par morcellement. Peur de la dépression, vaincue par des processus qui rappellent ceux de la paranoïa : « Pendant la phase la plus précoce, les objets persécuteurs et les objets bons (les seins) restent très éloignés les uns des autres dans l'esprit de l'enfant. Quand lors de l'introjection de l'objet réel et total, ils se rapprochent, le moi revient toujours et sans cesse au mécanisme suivant, si important pour le développement des relations aux objets : je veux parler du clivage de ses imagos en imagos aimées et haïes, c'est-à-dire bonnes et dangereuses. On peut penser que c'est à ce moment que l'ambivalence s'établit : elle concerne en effet les relations aux objets, c'est-à-dire à des objets réels et totaux. L'ambivalence, obtenue par un clivage des imagos, permet au jeune enfant d'acquérir une confiance et une foi plus grande dans ses objets réels et par là dans ses objets intériorisés, lui permet de mieux les aimer et de mieux produire ses fantasmes de restauration de l'objet aimé. Les angoisses et les défenses paranoïdes se dressent en même temps devant les « mauvais » objets. Le soutien que reçoit le moi d'un « bon » objet réel s'augmente d'un mécanisme de fuite qui l'entraîne, alternativement, auprès de ses bons objets extérieurs et intérieurs[40]. »

Derrida, à aucun moment pourtant, ne tire de telles conclusions qui placeraient ses textes sous l'autorité et la juridiction de la psychanalyse, fût-elle kleinienne : la psychanalyse n'est pas une vérité dernière à laquelle tout

---

40. M. Klein, *Contributions à l'étude de la psychogénèse des états maniaco-dépressifs*, pp. 338-339 in *Essais de psychanalyse*. Tr. Marg. Derrida, Payot.

pourrait être référé. Elle demande elle-même à être déconstruite. Derrida, dans sa lecture de la métaphysique, ne cherche pas à déterminer la loi qui régit les conflits psychiques mais les conflits *internes* des textes, leur hétérogénéité et leurs contradictions. Il vise à articuler d'une façon rigoureuse le texte de la vie et le texte de l'écriture. La lecture que Derrida fait des textes de Rousseau est caractéristique à cet égard. Plus que toute autre elle permet de voir les ressemblances et les différences entre la méthode analytique et celle de Derrida.

Méthode « policière » : sont suivies « à la trace » les apparitions réitérées de la notion de *supplément*. Répétition non innocente immédiatement « flairée » (*cf. Gramm.*, p. 233). S'opère alors une lecture qui repose sur la distinction entre le *faire* et le *dire*, entre l'*écrit* et le *dit,* entre la *description* et la *déclaration*. La notion de « double geste » est introduite pour marquer la tension entre le propos déclaré et ce qui se fait par et dans le jeu du texte : « [...] un autre geste (ne disons pas un autre propos, car ici, ce qui ne va pas sans dire est fait sans être dit, écrit sans être proféré [...]. Tension du geste et du propos[41]. » (*Gramm.,* p. 45.)

Tension qui provient du décalage entre la représentation consciente d'un texte chez ceux qui l'écrivent ou le lisent, et l'écrit comme texte « qui déborde sans cesse cette représentation par tout le système de ses ressources et de ses lois propres » (*Gramm.,* p. 149).

L'écart entre la déclaration et la description qui fait apparaître un autre texte, en contrebande, révèle qu'un désir se loge dans le texte déclaré : méconnu comme tel de « l'auteur » comme l'est ce qui s'oppose au désir et le violente, refoulé, dénié, mais lisible en contrebande. La

---

41. *Cf.* également à propos de Saussure : « Quelque chose s'écrit dans le discours saussurien qui n'a jamais été dit et qui n'est rien d'autre que l'écriture elle-même comme origine du langage. » (*Gramm.,* p. 64.)

tension du texte paraît dans les contradictions qu'il enferme entre les différentes déclarations ou entre les déclarations et les descriptions. Contradictions réglées d'une façon cohérente par le désir. Ce qui est dénié réapparaît par une force de contrainte qui ne dépend pas de l'« auteur ». Ce que Rousseau *veut* et qui est *déclaré* c'est toujours l'origine, la pureté de l'origine et la présence, le privilège de la voix, une jouissance sans mort et sans différence. Ce qui est *décrit* c'est toujours un supplément mortel d'origine. Ainsi il voudrait que l'écriture survienne secondairement mais il décrit la manière dont l'écriture advient dès l'origine : « Il *déclare* ce qu'il *veut dire,* à savoir que l'articulation et l'écriture sont une maladie post-originaire de la langue ; il dit ou *décrit* ce qu'il *ne veut pas dire* : l'articulation et par conséquent l'espace de l'écriture opérant à l'origine du langage. » De même « *il voudrait dire* que le progrès [...] se fait [...] soit en bien soit en mal [...], mais [il] *décrit ce qu'il ne voudrait pas dire* : que le progrès se fait et vers le pire et vers le meilleur. A la fois. Ce qui annule l'eschatalogie et la téléologie, de même que la différence ou articulation originaire annule l'archéologie. » (*Gramm.,* p. 326 ; *cf.* aussi pp. 441, 443.)

De même il déclare une seule origine des langues, le sud, bien qu'il décrive dans deux chapitres apparemment symétriques, une double origine. Ce qu'il veut, c'est une seule origine et une déformation seconde et catastrophique : « Le centre originaire du langage est [...] réfléchi au centre de l'*Essai* dans ce chapitre IX qui est de loin le plus long de tous[42]. » (*Ibidem,* p. 356.)

L'écart entre la description et la déclaration ne doit pas être compris comme une différence entre la pensée et le langage : Rousseau penserait le supplément mais ne sau-

---

42. Pour l'opposition N/S qui trace un axe de référence interne à chaque langue, décrite non déclarée, *cf,* pp. 310-312.

rait le dire. En fait, Rousseau se sert du mot et décrit la chose mais en suivant la logique contradictoire du désir : il veut sauver à la fois tout ce qui fait système avec l'articulation (la passion, la langue, la société, l'homme). Mais aussi tout ce qui est raturé par elle (l'accent, la vie, l'énergie, la passion etc.), « le supplément étant la structure articulée de ces deux possibilités, Rousseau ne peut alors que le décomposer et le dissocier en deux simples logiquement contradictoires mais laissant au positif et au négatif une pureté inentamée. Et pourtant Rousseau, pris [...] dans la graphique de la supplémentarité, dit ce qu'il ne veut pas dire, décrit ce qu'il ne veut pas conclure : que le positif (est) le négatif, la vie (est) la mort, la présence (est) l'absence et que cette supplémentarité répétitive n'est comprise en aucune dialectique » (p. 349).

Pourquoi, dès lors, Rousseau qui *décrit* que le substitut est toujours substitut de substitut, que la mort travaille toujours le dedans de la parole comme sa différence interne, comme son supplément, que la mort entame toujours la vie, pourquoi ne pouvait-il pas le *déclarer* ?

Est-ce pour des raisons psychologiques ? A cause d'une structure psychique plus ou moins paranoïaque qui plus que toute autre a besoin de distinguer foncièrement le dedans et le dehors ? Pour Derrida le décalage entre la déclaration et la description n'est pas « propre » à l'individu Rousseau. Elle appartient à toute une époque, celle de la métaphysique de la présence dont Rousseau fait partie. Avec elle, il rêve de l'extériorité simple de la mort à la vie, du signifiant au signifié, de la représentation à la présence, du mal au bien, du masque au visage, de l'écriture à la parole : « Toutes ces oppositions sont irréductiblement enracinées dans cette métaphysique [...]. Le rêve de Rousseau a consisté à faire entrer de force le supplément dans la métaphysique. »

Aussi malgré l'emprunt d'un certain nombre de concepts à la psychanalyse, malgré l'analogie du type d'écoute, la lecture de Derrida mime seulement celle de l'analyse : le déchiffrage du texte de Rousseau n'aboutit pas à un signifié dernier, structure psychique ou complexe, qui donnerait la clef de « l'œuvre ». La nostalgie de la présence n'est pas référée à la nostalgie du sein maternel comme à sa vérité, bien que des considérations de ce genre ne soient pas absentes du texte de Derrida : mais elles n'arrêtent pas le texte de Rousseau[43]. Lorsque Derrida fait intervenir la présence toujours déjà perdue de la mère, et ceci à partir des seuls textes de Rousseau, c'est afin de faire apparaître que la vie comme présence ou jouissance pleine n'a jamais existé, qu'elle est toujours un tissu de différences, appel à la supplémentarité[44] ; par conséquent que le double, la mimésis sont originaires. Parce que la supplémentarité est à la fois dans la vie et dans l'œuvre, que toutes deux sont des textes supplémentaires, une articulation entre l'une et l'autre est possible et nécessaire. Le « supplément dangereux » qui entame toujours et la vie et l'œuvre rature une telle opposition et met fin à toute psychobiographie qui partirait de la vie pour comprendre le texte comme si l'un et l'autre étaient deux entités séparées et extérieures. Il n'y a pas une « vie » en soi de Rousseau pas plus qu'il n'y a un texte de « Rous-

43. « Vous êtes indéfiniment renvoyés à l'enchaînement sans fond, sans fin et le recul indéfiniment articulé du commencement interdit, aussi bien que l'archéologie, l'eschatologie ou la téléologie herméneutique. » (*Double séance*, p. 371 ; *cf.* aussi *Pharmacie*, p. 71.)

44. « Il n'y a pas de hors texte [...]. Dans ce qu'on appelle la vie réelle de ces existences « en chair et en os » au-delà de ce qu'on croit pouvoir circonscrire comme l'œuvre de Rousseau et derrière elle, il n'y a jamais eu que de l'écriture, il n'y a jamais eu que des suppléments, des significations substitutives qui n'ont pu surgir que dans une chaîne de renvois différenciels, le « réel » ne survenant, ne s'ajoutant qu'en prenant le sens à partir d'une trace et d'un appel de supplément, etc. [...]. Nous avons lu, *dans le texte*, que le présent absolu, la nature, ce que nomment les mots de « mère réelle » etc. se sont toujours déjà dérobés, n'ont jamais existé ; que ce qui ouvre le sens et le langage, c'est cette écriture comme disparition de la présence naturelle. » (PP. 227, 228).

seau ». Ce qui, dans le texte de « Rousseau » appartient à Rousseau ne peut être déterminé qu'après qu'on y ait repéré ce qui renvoie à un champ qui le dépasse. Le statut que Rousseau donne à l'écriture est le même que celui que lui réserve toute la métaphysique. Avant de marquer les ruptures, les discontinuités, il est nécessaire de montrer le continuum d'un même processus, puis marquer le fonctionnement systématique et spécifique chez Rousseau de ce qui se trouve aussi ailleurs. Le choix de Rousseau n'a pas été déterminé en fonction de sa « personnalité », mais parce que la notion de supplémentarité est inscrite dans son texte comme une tache aveugle qui commande tout le reste. Cependant Rousseau n'est pas seul à être pris dans une telle logique « (Rousseau) ne pouvait penser l'écriture comme ayant lieu avant et dans la parole, dans la mesure même de son appartenance à la métaphysique de la présence ». « Rousseau n'est pas le seul à être pris dans la graphique de la supplémentarité. Tout sens et par suite tout discours y est pris [...]. Il n'y a donc pas à proprement parler de texte dont l'auteur ou le sujet soit J.-J. Rousseau. » (*Gramm.,* pp. 349-350.)

Rousseau en voulant séparer l'originalité de la supplémentarité « a pour lui tous les droits constitués par notre logos » (p. 345).

Les noms d'auteur n'ont donc qu'une valeur indicative d'un problème plus général. Néanmoins il faut passer par des textes singuliers, pris comme symptômes, pour s'apercevoir de leur appartenance à un champ qui les dépasse. Isoler Rousseau est une abstraction partielle et provisoire. Que Derrida, inversement, soit capable, par sa lecture, de faire réapparaître l'impensé de toute une « époque », n'est pas mis davantage par lui sur le compte d'une lucidité ou d'une complexion psychique particulières : « Si (le symptôme) se découvre aujourd'hui ce n'est nullement par quelque trouvaille plus ou moins ingé-

nieuse et dont quelqu'un, ici ou là, pourrait avoir l'initia-
tive. C'est l'effet d'une certaine transformation totale
[...] et qu'on peut aussi repérer dans des champs déterminés. » (*Pos.,* p. 15.)

Or, pour comprendre le rapport d'un discours singulier
à une totalité historique donnée, les concepts psychanalytiques[45] ne sont pas pertinents s'ils ne sont pas réinscrits
dans la graphique de la supplémentarité et de la différance : « Les [concepts] freudiens appartiennent tous
sans aucune exception à l'histoire de la métaphysique,
c'est-à-dire au système de répression logocentrique qui
s'est organisé pour exclure ou abaisser, mettre dehors et
en bas [...] le corps de la trace écrite. » (*E. et D.,* p. 294.)
La notion de refoulement individuel ne peut servir de
modèle à la répression historique ; c'est plutôt celle-ci qui
« permet de comprendre comment un refoulement individuel et original est rendu possible dans l'horizon d'une
culture et d'une appartenance historique ».

Aussi lorsque Derrida distingue la déclaration et la description, cette distinction ne doit pas être assimilée à celle,
encore métaphysique, du conscient et de l'inconscient ou
du volontaire et de l'involontaire. Ce que *veut*
« l'auteur » comme ce qu'il « ne veut pas » ne lui appartiennent pas, mais sont inscrits comme des pièces de la
machine d'écriture. Ce qui est déclaré et voulu n'est pas le
produit d'une origine présente à soi mais fait partie du
texte, du système d'écriture : « Parler d'origine et de
degré zéro commente [...] l'intention déclarée de Rousseau [...]. Mais en dépit de cette intention déclarée, le discours de Rousseau se laisse contraindre par une complexité qui a toujours forme d'un supplément d'origine.
Son intention déclarée n'en est pas annulée mais *inscrite*
dans un système qu'elle ne domine plus. Le désir de l'ori-

---

45. Pas plus que les concepts marxistes pris en eux-mêmes.

gine devient une fonction indispensable et indestructible mais situé dans une syntaxe sans origine. » (*Gramm.*, p. 345.)

Derrida rature l'opposition du volontaire et de l'involontaire en réinscrivant le texte singulier dans un texte plus large qui le déborde : l'économie d'un texte obéit à la logique de la greffe, renvoie au minimum aux contraintes générales d'une langue : « Par exemple, ce qui unit le mot « supplément » à son concept n'a pas été inventé par Rousseau et l'originalité de son fonctionnement n'est ni pleinement maîtrisé par Rousseau ni simplement imposé par l'histoire et la langue, par l'histoire de la langue. Parler de l'écriture de Rousseau, c'est tenter de reconnaître ce qui échappe à ces catégories de passivité et d'activité, d'aveuglement et de responsabilité. Et l'on peut d'autant moins faire abstraction du texte écrit pour se précipiter vers le signifié qu'il *voudrait dire* que ce signifié est ici l'écriture même. On a si peu à chercher une *vérité signifiée* par ces écrits [...] que si [ces] textes [...] *veulent dire* quelque chose c'est l'engagement et l'appartenance qui enserrent dans le même *tissu*, le même *texte*, l'existence et l'écriture. Le même, ici, s'appelle supplément, autre nom de la différance. » (*Gramm.*, pp. 214-215). « Situation de Rousseau à l'intérieur de la langue et de la logique, qui assurent à ce mot ou à ce concept des ressources assez *surprenantes* pour que le sujet présumé de la phrase dise toujours, se servant de « supplément » plus, moins ou autre chose que ce qu'il *voudrait dire* [...]. L'écrivain écrit *dans* une langue et *dans* une logique dont, par définition, son discours ne peut dominer absolument le système, les lois et la vie propres. Il ne s'en sert qu'en se laissant d'une certaine manière et jusqu'à un certain point gouverner par le système. Et la lecture doit toujours viser un certain rapport inaperçu de l'écrivain entre ce qu'il commande et ce qu'il ne commande pas des schémas de la langue dont il fait usage. Ce rapport n'est pas une certaine répartition quantitative d'ombre et de lumière, de faiblesse ou de force, mais une structure signifiante que la lecture doit *produire.* » (*Gramm.,* pp. 226-227.) Ce qui est vrai de l'usage par Rousseau de la notion de supplément est vrai pour toute autre notion, pour tout autre texte. Par exemple de l'usage par Platon du mot *pharmacon*[46].

Si la distinction du volontaire et de l'involontaire n'est plus pertinente ; si un texte écrit pendant la veille opère comme un rêve ; si le rêve est une écriture ; si la scène d'écriture mime la scène du rêve et le rêve une scène d'écriture, on comprend que l'on ne puisse conserver la distinction des processus primaires et des processus secondaires, la distinction de la veille et du rêve. Si la « logique » du rêve peut servir de modèle à la « logique » de l'écriture, la graphique de la supplémentarité permet de comprendre le fonctionnement de la contradiction à l'intérieur du texte onirique. Aussi Derrida, après avoir écrit que la cohérence contradictoire du désir dans le texte métaphysique se produit d'une façon quasi-onirique, ajoute : « Mais elle éclaire le rêve plutôt qu'elle ne se laisse éclairer par lui. », (*Gramm.,* p. 67.) En dernière analyse, la notion de rêve en tant qu'elle est encore prise dans le système des oppositions métaphysiques, est rejetée : « En se servant d'un autre mot que celui de rêve, en inaugurant une conceptualité qui ne serait plus celle de la métaphysique de la présence ou de la conscience, il fau-

---

46. *Cf. supra* pp. 143, 144 et : « Il serait impossible de dire jusqu'à quel point [Platon] manie volontairement ou inconsciemment la chaîne des significations et jusqu'à quel point il subit des contraintes telles qu'elles pèsent sur son discours à partir de la « langue » [...]. Mais suivre les contraintes d'une langue n'exclurait pas que Platon en joue, même si ce jeu n'est pas représentatif et volontaire. C'est dans l'arrière-boutique, dans la pénombre de la pharmacie, avant les oppositions entre conscience et inconscient, liberté et contrainte, volontaire et involontaire, discours et langue que se produisent ces « opérations » textuelles. » (*Pharmacie*, p. 147.)

drait définir un espace dans lequel cette « contradiction »
réglée a été possible et peut être décrite. » (*Gramm.*)


Impossible donc de douter que la psychanalyse n'ait
intérêt à collaborer avec la « graphématique » derridienne : celle-ci, par le jeu indéfini dans lequel elle
l'entraîne, peut l'empêcher d'être arrêtée, d'être « récu-
pérée » par la métaphysique. Que la psychanalyse ait pu
intéresser l'entreprise de déconstruction derridienne, nul
doute également : à cause de tout ce que la psychanalyse
porte en elle de révolutionnaire par rapport au champ
logocentrique, elle est un allié précieux. Mais à condition
que la psychanalyse elle-même accepte d'être soumise à la
déconstruction, à condition qu'elle reconnaisse l'hétérogénéité de son texte. Derrida n'use pas des concepts
psychanalytiques parce qu'ils seraient plus « vrais » que
d'autres. La psychanalyse n'est pas traitée par lui comme
une vérité dernière ou première, mais comme un ensemble de textes appartenant à notre histoire et à notre culture et comme tels incontournables. Si la psychanalyse
marque le texte de Derrida dans son écriture et dans sa
lecture, ce n'est pas indépendamment du système textuel auquel elle appartient ; ce n'est pas comme un principe anhistorique et transcendantal qui serait capable
« d'éclairer » en toute neutralité et innocence. La psychanalyse ne peut être sollicitée par Derrida que re-marquée
et mise en marche. Contrairement à ce que certains vou-
draient, elle ne détient aucun privilège, aucune autorité
particulière, si ce n'est fantasmatique, pour imposer sa
juridiction. Le discours déclaré de Derrida insiste à la fois
sur le caractère incontournable de la psychanalyse et sur
son absence de privilège : dans une certaine mesure Mallarmé, Bataille, Nietzsche peuvent paraître marquer
davantage le texte derridien.

Pourtant une « philosophie » affirmative des différences ne peut aboutir à l'égalité et au nivellement : si tous les textes sont hétérogènes, ils ne le sont pas également ; ils le sont plus ou moins nettement, plus ou moins dangereusement. Bien que rien dans les déclarations de Derrida, au contraire, ne privilégie la greffe analytique, il semble qu'il n'ait pas fini de s'expliquer avec elle ni de la croiser : non seulement parce que « la psychanalyse » comme telle n'existe pas et que ses concepts, qui valent dans tel et tel champ historique déterminé, seront conduits à se transformer ; non seulement parce que la différence sexuelle serait le meilleur paradigme de la différance ; mais aussi parce que de nombreuses notes disséminées un peu partout portent en réserve des développement futurs, de nouvelles articulations[47].

Peut-être, en définitive, est-ce notre propre intérêt à « sauver » la psychanalyse d'une récupération métaphysique, qui nous a fait mettre l'accent dans le texte de Derrida sur l'insertion psychanalytique. Peut-être aussi, est-ce en lisant Derrida que l'on comprend mieux certains motifs psychanalytiques : l'écriture derridienne répète inlassablement le meurtre du père. Les décapitations multiples du logos, sous toutes ses formes, ne peuvent pas ne

47. *Note de la deuxième édition.* Depuis la rédaction de ce texte en 1973, Derrida, en effet, a multiplié ses rapports avec le champ analytique. Du point de vue théorique citons en particulier deux textes importants : *Le Facteur de la vérité* et *Spéculer sur « Freud »* in *La carte postale, de Socrate à Freud et au-delà,* Flammarion. Derrida, de plus, a noué des liens avec le groupe *Confrontations* dirigé par René Major, qui ont donné lieu, entre autres, à des recherches sur l'institution psychanalytique et aux textes suivants : *Du Tout* in *La carte postale* ; à un numéro spécial des éditions Confrontations : *Affranchissement du transfert et de la lettre,* colloque avec Derrida, Viderman, Torok et alii ; *Géopsychanalyse,* Édition Confrontations.

Enfin Derrida a écrit quelques textes sur Nicolas Abraham et Maria Torok : *Fors* (préface à *Le verbier de l'homme aux loup*), Aubier Flammarion, 1976 ; *Moi, la psychanalyse,* Confrontations 1982.

Notons aussi dans la revue *Furor* n° 2 *Télépathie,* texte à propos de Freud et l'occultisme.

pas retentir sur la scène inconsciente de chaque lecteur. Derrida, plus que Freud, apprend ce qu'un père veut dire, qu'on n'en a jamais fini de « tuer » le père et que parler du logos comme père n'est pas une simple métaphore.

# ÇA CLOCHE*

* Conférence prononcée au colloque de Cerisy consacré à Jacques Derrida en juillet 1980. Première version avec la discussion qui s'en est suivie in *Les Fins de l'homme*, Galilée, 1981.

*L'homme : anthropos ou aner ?*

On sait que le titre du colloque est une citation, celle d'un titre que Derrida donna à une conférence prononcée à New York en octobre 1968, à l'occasion d'un colloque international dont le thème était *Philosophie et anthropologie*. D'emblée Derrida souligne la signification politique de tout colloque philosophique, signification renforcée par le caractère international d'un tel colloque : écrivant en avril 1968, dans un horizon historico-politique déterminé, juste avant les événements de Mai, au moment où s'engageaient les pourparlers de paix au Vietnam, au moment de l'assassinat de Martin Luther King, Derrida s'interroge sur la portée politique d'un colloque qui, mettant dans son titre même l'accent sur l'*universalité de l'anthropos*, tend à gommer les différences ethniques singulières au nom d'un « humanisme » qui, quelle que soit sa forme, athée ou non, est fondamentalement métaphysique (comme le rappelle Derrida citant Heidegger : « Tout humanisme reste métaphysique », la métaphysique étant l'autre nom de l'ontothéologie [*Marges*, p. 138]).

Gommer les différences, c'est-à-dire les *maîtriser*, la finalité dernière de l'organisation d'un colloque sur l'anthropos universel renvoyant peut-être à un besoin de maîtriser ces différences.

*New York 1968 — Cerisy 1980* : la scène philosophique, historique et politique a quelque peu changé ; on peut se demander si, à garder pour ce colloque un titre si fortement marqué par l'humanisme métaphysique, on ne court pas le risque de faire soupçonner que se glisse là encore un besoin de maîtriser les différences. Toutes les différences, mais surtout, parce que la scène en douze ans s'est déplacée, *la différence sexuelle* (même si ce n'est évidemment pas le *vouloir* des organisateurs de ce colloque). Comment faut-il donc penser aujourd'hui les « fins de l'homme » pour échapper à un tel soupçon ? Soupçon que ce colloque est fait pour porter secours, assister, relever (en tous sens) l'homme, entendu non plus comme l'*anthropos,* l'homme universel, sexuellement neutre, mais comme *aner* ou *vir* ?

Il semble que le sous-titre de ce colloque : « autour des travaux de Derrida » permet d'emblée d'effacer un tel soupçon : s'il est vrai, en effet, que le texte publié dans *Marges* ne souligne pas le danger de maîtrise des différences sexuelles, les autres textes de Derrida depuis *La Grammatologie* ne cessent de dénoncer la métaphysique (donc l'humanisme et tout discours sur « les fins de l'homme ») comme phallogocentrique. Notamment *Glas,* entre autres glas, sonne avec celui du phallogocentrisme le glas d'un colloque sur les « fins de l'homme » entendu comme l'anthropos universel sexuellement neutre. Derrida y fait retentir que les fins de l'homme sont toujours en dernière analyse celle de « l'homme masculin ». Les bénéfices que l'homme retire de ses spéculations sur les fins de l'homme ou sur les « fins de la nature » (autre manière de recouvrir encore davantage les véritables fins de telles spéculations) sont toujours des bénéfices masculins. Derrière un de ces judas où il surveille l'aigle et ses vols sublimes, entre autres au moment où il spécule sur la différence sexuelle, Derrida observe que cette spéculation s'arrange pour fonder apparemment en raison (en recourant aux données scientifiques de l'époque et surtout à la notion d'*Aufhebung,* concept central de la relation sexuelle qui permet à Hegel d'articuler tout ce discours sur l'onto-théotéléologie) le phallocratisme et la hiérarchie la plus traditionnelle : l'opposition de la passivité et de l'activité, de la matière et de la forme. Et Derrida relève alors, comme symptomatique de cette visée de maîtrise, l'équi-valent d'un « lapsus », le « nous » (*wir*) dont use Hegel au moment où il expose ce qui constitue le système de la virilité : « Chez l'homme au contraire, *nous* (wir) nous avons là la faculté de sentir active, le gonflement débor-dant du cœur, etc. » Derrière son judas, Derrida s'écrie : « Qui nous ? nous magistral, nous du ça, nous les hom-mes ? Et si c'était toujours le même ? Et qui nous assiste ici ? » (P. 130.)

De même, à propos de Kant (p. 143 et *sq*.) Derrida rap-pelle que son discours anthropologique a comme objet central, non pas l'homme en général, mais la femme ; que ce discours anthropologique et humaniste poursuit sous couvert d'une finalité naturelle des fins phallogocentri-ques (même si le système phallogocentrique est très com-plexe et contient de l'intérieur ce qui le mine et le neutra-lise, même s'il est donc aussi comme toujours un fémi-nisme). L'appel à cette téléologie cachée est le moyen de justifier toutes les inégalités de développement, toutes les dissymétries que Kant met au compte de la différence sexuelle. Il est le corollaire d'une dénégation : la caracté-ristique du sexe féminin, à savoir son inclination à s'approprier tout le sexe masculin, ne devrait rien aux catégories, aux visées, aux formes de la conscience humaine, ne se réglerait en rien sur le principe de notre finalité, sur le « but que nous nous donnons » (encore un nous...), mais seulement sur la profonde sagesse naturelle qui conseillerait toujours déjà aux femmes de constituer par provision une sorte de réserve masculine pour pallier un éventuel veuvage, l'homme étant par nature fini. Cette caractéristique se réglerait sur le seul but de la nature dans la continuation de la féminité : la conservation de l'espèce et le raffinement de la société par la féminité ; elle ne se réglerait ni sur une finalité humaine, ni, *a fortiori,* sur une quelconque finalité masculine — celle d'Emmanuel Kant, par exemple, qui pour protéger son sexe d'une telle appropriation féminine a pourtant, quant à lui, su rester célibataire et n'a pas craint, dans *Le Conflit des facultés,* de recommander le célibat parmi les principes de diététique fondamentaux pour quiconque désire s'assurer une longue et heureuse vie car « l'on prouverait difficilement que des personnes devenues très âgées aient été la plupart du temps mariées. Et ce n'est pas un mauvais principe politique pour multiplier les mariages de vanter la vie matrimoniale comme une vie de longue durée quoiqu'en proportion l'expérience ne fournisse que peu d'exemples de tels gens, qui, côte à côte, soient devenus extrêmement vieux ».

## Les fins de Freud[1]

Je voudrais montrer ici qu'on trouve dans les textes de Freud lorsqu'il spécule sur les femmes la même opération : la poursuite des fins phallogocentriques qui se cachent derrière un discours pseudo-scientifique (se donnant comme fondé sur la seule observation et déniant toute « spéculation »). Dans ce discours qui se veut positiviste — ne serait-ce que par cette opposition de l'observation et de la spéculation stérile et folle (opposition qui n'est, dans le texte de Freud, radicale qu'à propos précisément de ses « spéculations » sur les femmes, alors que par exemple, *Au-delà du principe du plaisir,* à propos de la pulsion de mort, n'hésite pas à reconnaître qu'il s'agit là d'une hypothèse purement spéculative, nécessairement spéculative, contraignant à une démarche boitillante et clochante[2]) — dans ce discours, plusieurs indices mettent à jour une finalité phallogocentrique, le symptôme le plus clair étant — outre la dénégation de toute spéculation — l'appel, à un moment ou à un autre de la « démonstration », à une téléologie naturelle, à une bonne mère-nature qui, tel un *deus ex machina,* vient opportunément secourir l'homme (*vir*), justifier qu'il est, et lui seul, la fin dernière de la nature : *est le préféré de la mère,* de celle qui — c'est là un des résultats obtenus par la spéculation freudienne — ne saurait être parfaitement comblée qu'en mettant au monde un enfant de sexe mâle. Et si la Nature est une sublimation grandiose de la mère, en appeler à elle, c'est aussi une manière de rendre celle-ci et les femmes en général (si peu pourtant favorisées par la Nature

---

1. Pour les fins de Freud, *cf.* notre *Enigme de la femme, La femme dans les textes de Freud,* Galilée, Paris, 1980.
2. Derrida l'aura suffisamment marqué pas à pas dans son « Spéculer sur Freud », in *La carte postale,* Flammarion, Paris, 1980.

qui les a dotées seulement d'un sexe incomplet et d'une envie incurable du pénis d'où naît tout leur malheur) complices d'un discours qui tend à faire d'elles un déchet de la Nature (complicité nécessaire pour laver Freud de tout soupçon d'antiféminisme). *Analyse terminée, analyse interminable,* dernier mot de Freud sur les femmes, conclut en effet sur *un rejet de la féminité par les deux sexes,* dont les symptômes sont, chez l'homme, l'angoisse de castration, chez la femme, l'envie du pénis, roc auquel se heurterait toute analyse, fait biologique indépassable. Tel serait le mot de la fin de toute analyse, le mot de la fin de Freud, en tout cas, puisque *Analyse terminée* est l'un de ses derniers textes ; comme si tenter d'avoir eu le dernier mot (sur les femmes) n'avait pu que conduire Freud au mot de la fin (tel Spinoza qui laisse inachevé par la mort son *Traité politique* au moment même où il vient de retirer aux femmes tout droit politique). Il l'avait d'ailleurs toujours redouté, puisqu'une véritable angoisse de mort accompagne ses écrits sur la sexualité féminine : ce n'est que vers 1921-1923 qu'il écrit à proprement parler sur les femmes et publie alors en toute hâte, par crainte de mort, sans, dit-il, attendre que ses résultats soient infirmés ou confirmés par l'expérience. Même angoisse de mort au moment de la publication de la *Traumdeutung* parce que, pour la première fois alors, il mettait à nu cette chose horrible à voir, qui ne saurait être regardée en face, le sexe de la mère, horrible parce que trop désirable ; ce qui le contraint, sous peine d'avoir à se crever les yeux, à recouvrir ce sexe d'un voile épais, c'est-à-dire à spéculer, à élaborer des pseudo-solutions, des fictions qui font écran à ce qui ne saurait être observé et qui transforment la femme en une énigme à jamais insoluble.

De ce recours « idéologique » à la nature, ou autre variante, à la science biologique, comme symptôme d'une spéculation destinée à justifier une « idée fixe », la fameuse envie du pénis de la femme, de façon plus générale, à justifier le phallocentrisme de Freud, je donnerai ici quelques exemples.

C'est seulement en 1923, dans *L'Organisation génitale infantile*, où est affirmé le primat du phallus, que Freud introduit l'idée d'un troisième stade, le stade phallique, phase qui ne connaîtrait qu'une seule sorte d'organe génital, l'organe masculin. Dans cette phase qui « mérite » déjà d'être nommé génitale, l'on trouverait un objet sexuel et une certaine convergence des tendances sexuelles sur cet objet. L'introduction de ce stade supplémentaire au moment même où il découvre la différence radicale de la sexualité préœdipienne de la petite fille, le tout autre de la civilisation mycénienne, peut être lue comme une défense apotropaïque destinée à recouvrir le caractère surprenant et angoissant de cette découverte. En effet, rien dans le texte ne justifie vraiment que Freud ait eu besoin d'attendre jusqu'à cette date pour découvrir ou inventer l'existence de ce troisième stade ; rien non plus qui explique les contradictions entre le texte de 1923 et celui de 1905, *Les trois essais sur la théorie de la sexualité,* contradictions que Freud n'hésite pas à reconnaître dans les notes supplémentaires, ajoutées après coup, dans lesquelles il se livre, édition après édition, à un profond remaniement de la théorie sur la sexualité infantile. Rien si ce n'est l'affirmation vague d'un « progrès de la connaissance » au cours du temps, induit par une différence d'intentionnalité de l'observation. Rien, sinon, en dernier recours, l'appel à un prototype *(Vorbild)* biologique, qu'il ne prend d'ailleurs pas totalement à son compte : « D'après Abraham, elle [l'organisation phallique] trouve son prototype biologique dans le caractère indifférencié entre les deux sexes de l'appareil génital chez l'embryon. » *(Note de 1924.)* Or dans la conférence *La*

*Féminité,* Freud critique la psychologie traditionnelle et les déterminations psychiques qu'elle donne du masculin comme actif et du féminin comme passif lorsqu'elle s'appuie sur un modèle biologique, modèle capable seulement, dit-il alors, « d'induire des raisonnements analogiques erronés ». L'appel à Abraham et à son propre prototype biologique est donc là pour tenter de transformer — on ne peut plus spéculativement — une simple théorie sexuelle infantile (la croyance, qui repose sur la méconnaissance par l'enfant de l'existence du vagin, en la non-différenciation des sexes) plus ou moins fantasmatique malgré le noyau de vérité qu'elle est supposée toujours contenir, en un fait de nature, d'une bonne nature qui dès l'origine, dès l'embryon, aurait manifesté sa préférence pour le sexe mâle.

Appel, ici au prototype de l'embryon d'Abraham pour fonder le primat du phallus, ailleurs *à la paléobiologie de Ferenczi,* qu'il qualifie pourtant lui-même de fantastique et de spéculative, pour « fonder » l'envie du pénis (qui en est le corollaire), l'ancrer dans une origine on ne peut plus archaïque, à l'époque de la différenciation des sexes, bref pour en faire un *phénomène primaire indépassable* : un roc inébranlable. Le recours à cette paléobiologie spéculative est donné comme une « preuve » supplémentaire qui s'ajoute à celle qu'offre la clinique : le rêve d'une de ses malades, tel du moins qu'il l'interprète (à aucun moment le contenu manifeste du rêve n'est donné), et à celle qu'offre la littérature : la *Judith* de Hebbel et *Le venin de la pucelle,* qui ne confirme la « théorie » freudienne qu'à être là encore toujours déjà lue de façon circulaire à la lumière de l'analyse. C'est dans *Le tabou de la virginité* :

« Ferenczi [j'ignore s'il est le premier à le faire] fait remonter l'envie du pénis dans une spéculation paléobiologique jusqu'à l'époque de la différenciation des sexes.

Au début, pense-t-il, la copulation avait lieu entre deux individus de même espèce dont l'un cependant s'est développé davantage et a contraint le plus faible à supporter l'union sexuelle. L'amertume de cette infériorisation se retrouve dans le comportement actuel de la femme. Je pense que l'on ne peut reprocher à quelqu'un de se servir de telles spéculations tant qu'il évite de les surestimer. » Véritable raisonnement du chaudron, dont Freud, depuis le rêve d'Irma, est coutumier : 1) Je ne spécule pas, j'observe, c'est Ferenczi qui spécule ; 2) de toute façon, il n'y a pas de mal, de temps à autre, à spéculer ; 3) ces spéculations n'ont de valeur que dans la mesure où elles servent mes propres observations, corroborent mon idée fixe. Il ne faut pas que Ferenczi les « surestime ».

Idée fixe de l'envie du pénis, introduite comme la couche la plus profonde du tabou de la virginité, comme par une réaction de panique devant cette femme inquiétante et étrange, redoutable, qu'il accuse de châtrer les hommes au moment même où lui, Freud, et non la nature, est en train de la châtrer en la dotant en définitive d'une sexualité incomplète, d'une simple envie du pénis. Castration qu'il fait endosser après coup à la mère-nature, une fois de plus rendue complice de son fils. Dans *La féminité*, que l'envie du pénis soit un phénomène primaire ne résulte pas davantage de l'observation mais seulement de l'inclination de Freud à décider en faveur de cette primarité *(Wir sind geneigt — Wir,* nous de majesté? *Wir/Vir? —)*. D'autres psychanalystes, notamment des femmes, sont, il le reconnaît, plutôt enclins à faire de cette envie un phénomène secondaire, ont d'autres inclinations *(Neigung)*, celle par exemple à diminuer l'importance de l'envie originaire du pénis et à mettre plutôt l'accent sur l'histoire ultérieure. Qui tranchera entre ces diverses inclinations : entre ces thèses et textes opposés qui défendent tous des thèses anticipées par les inclina-

tions ? Qui décidera entre toutes ces spéculations ? Dans
le cas de l'envie du pénis, c'est la simple *conviction* masculine de Freud qui fait pencher la balance en faveur de
l'innéité ; rien de plus ; en faveur donc, là encore, d'un
fondement naturel, biologique d'une nature qui fait pencher, elle, la balance en faveur de l'homme, qui marque
ses préférences en octroyant à celles qui seraient dotées
d'une sexualité incomplète une envie immédiate, irrésisti-
ble et définitive du pénis.

Je donnerai un dernier exemple de cet appel à une
téléologie naturelle pour camoufler une finalité phallo-
cratique. C'est à propos de l'assimilation de l'activité à la
masculinité. L'exemple est d'autant plus intéressant ici
que le geste de Freud est très complexe, pour le moins
double. D'une part, en effet, contrairement à toute une
tradition métaphysique, il s'efforce de distinguer actif et
masculin, passif et féminin, en soulignant, par exemple,
que le couple actif/passif est antérieur au couple mas-
culin/féminin, le premier apparaissant au stade sadico-
anal, le deuxième au stade génital ; en distinguant aussi
très nettement le sens biologique et le sens psychanalytique des mots masculin et féminin, il laisse la possibilité à
une femme, au sens biologique du terme, d'être masculine au sens psychanalytique, c'est-à-dire active, et inversement : actif et passif n'est donc la propriété essentielle
d'aucun des deux sexes, les pulsions libidinales des individus des deux sexes sont au cours du développement à la
fois actives et passives, sans que cela soit mis au compte
de leur bisexualité ; enfin les deux sexes montrent également une préférence pour l'activité. Bref, Freud souligne
partout que c'est trop à la légère que l'on fait correspon-
dre l'activité avec la masculinité et la passivité avec la
féminité. Et lorsqu'il lui arrive de le faire lui-même, il
déclare que c'est pour obéir seulement à la convention.
Ce serait le cas, par exemple, lorsqu'il qualifie la libido de

masculine. *A proprement parler* (non plus par convention) la libido n'appartient à aucun genre *(Wir können ihr selbst kein Geschlecht geben)* : « Il n'est qu'une seule libido, laquelle se trouve au service de la fonction sexuelle tant mâle que femelle. Nous ne pouvons lui donner aucun genre. Si en nous fondant sur les rapprochements conventionnels faits entre la virilité et l'activité nous voulons l'appeler « virile », nous ne devons pas oublier qu'elle représente aussi des tendances à buts passifs. » *(La féminité.)*

Et pourtant, d'autre part, un tout autre geste, parfois dans le même (?) texte, tend, comme dans toute la métaphysique, à assimiler, et non plus par simple convention, la masculinité à l'activité, la féminité à la passivité. Le masculin est alors dit rassembler le sujet, l'activité et la possession du pénis ; et la féminité, l'objet et la passivité : sens biologique et psychanalytique se recoupent alors parfaitement. Parce que l'opposition sadico-anale actif/passif se soude au moment de la puberté à l'opposition des sexes, il devient possible d'affirmer après coup que dès l'origine il y a de ce point de vue des différences entre la fille et le garçon, que la première est toujours déjà plus passive : si les deux sexes manifestent, par exemple, une préférence pour le rôle actif, ils ne renversent pas les rôles avec la même *énergie* : la différence de leur comportement à cet égard permettant de tirer des conclusions sur la force relative de masculinité et de féminité qu'ils manifesteront dans leur sexualité.

C'est pourquoi la convention qui fait qualifier la libido de « masculine » ne semble pas, en dernière analyse, tout à fait conventionnelle ni arbitraire. Freud refuse l'idée qu'il puisse y avoir une autre convention qui autoriserait à qualifier la libido de féminine ; rien, dit-il ne peut justifier l'accolement de ces mots *libido féminine*. C'est la nature et sa téléologie qui, en fin de compte, rend raison

127

de la « convention » : « La libido subit une répression plus grande quand elle est contrainte de se mettre au service de la fonction féminine et [...], pour employer une expression téléologique, la nature tient moins compte de ses exigences que dans le cas de la masculinité. La cause en peut être recherchée dans le fait que la réalisation de l'objectif biologique, l'agression, se trouve confiée à l'homme et demeure, jusqu'à un certain point, indépendante du consentement de la femme. La fréquence de la frigidité sexuelle de la femme semble confirmer ce désavantage et constitue un phénomène encore mal expliqué. » Ainsi la faiblesse des exigences sexuelles des femmes serait voulue par la nature elle-même, afin de permettre à l'homme l'agression sexuelle, et donc la reproduction de l'espèce, sans le consentement des femmes. La quasi-frigidité de celle-ci serait donc pour ainsi dire constitutive, essentielle au plan, on ne peut moins dissimulé, de la Nature : sous couvert d'accomplir la destination biologique de l'espèce humaine, sa reproduction, accomplir les fins dernières de l'homme, subordonner les désirs sexuels de la femme au désir de l'homme, les maintenir sous son étroite dépendance ; dans ces conditions, lorsqu'une femme a des exigences sexuelles importantes, elle est une véritable anomalie de la nature et elle ne saurait accomplir la tâche pour laquelle elle est biologiquement destinée ; bref elle n'est pas vraiment une femme : une telle « femme », si elle n'est homosexuelle, a du moins un important « complexe de masculinité » dont le facteur décisif est constitutionnel : elle possède « une grande quantité d'activité » comme cela est d'ordinaire caractéristique des hommes, dit-il, assimilant cette fois sens biologique et sens psychanalytique. « L'essentiel dans ce processus, c'est le manque, à ce stade du développement, de la poussée de passivité qui ouvre le devenir-femme de la femme. » Si une telle femme n'envie pas le pénis de l'homme, c'est qu'elle est elle-même par nature un homme : Freud ne peut se représenter aucune autre raison que naturelle qui puisse motiver une femme à ne pas envier le pénis, à méconnaître donc le « fait de sa castration », bref, à ne pas subordonner ses désirs sexuels à ceux de l'homme comme le voudrait la finalité naturelle, ou culturelle (pour garder l'opposition traditionnelle nature/culture que conserve Freud). *Le tabou de la virginité*, en effet, permet de dire que l'appel à la téléologie naturelle, à une injustice de la nature ou de la mère qui, d'une manière ou d'une autre, marque sa préférence pour l'homme, est une façon de lui faire endosser l'injustice culturelle des hommes. Car *Le tabou de la virginité* reconnaît que ce sont bel et bien les règles culturelles qui ont comme visée l'assujetissement sexuel des femmes. Freud y montre qu'un certain degré de sujétion sexuelle est indispensable pour que se maintienne le mariage civilisé et que soient contenues les tendances polygames qui le menacent. La nécessité de l'assujetissement du sexe féminin plutôt que masculin ne s'explique pas vraiment ; une simple constatation : la sujétion (qui peut aller jusqu'à faire perdre toute indépendance de la volonté et faire tolérer qu'on sacrifie le plus sévèrement son intérêt) est plus fréquente et plus intense chez la femme que chez l'homme car elle reste fixée à celui qui le premier a pu apaiser son désir amoureux et vaincre ses résistances. La première expérience amoureuse de la femme garantirait donc sa possession permanente et tranquille. Telles seraient donc, par-delà toutes ses spéculations qui font appel à la téléologie naturelle, les fins de l'homme : fixer l'instabilité, l'oscillation féminine, la rendre capable de résister aux impressions nouvelles, l'inciter à sacrifier ses intérêts sexuels... au profit de l'homme. La ruse de la culture masculine serait de se servir d'un phénomène psychique, lui-même conditionné par l'éducation, la

répression de la sexualité féminine, pour sacrifier les intérêts de la femme, la soumettre — sans son consentement
— à l'agression de l'homme, la rendre complice, aux
dépens de ses désirs, des désirs de l'homme : la frigidité de
la femme, que Freud dans sa *Conférence* considère
comme un phénomène encore mal expliqué, pourrait certes être considérée non comme la condition de possibilité
à cet état d'assujetissement, mais comme une de ses conséquences. Ceci, Freud, évidemment, ne le dit pas. *Le
tabou de la virginité* explique la frigidité comme une réaction à la blessure narcissique qui naît de la destruction de
l'organe lors de la défloration, et en dernière analyse par
l'envie du pénis : « C'est la sexualité incomplète de la
femme qui se décharge sur l'homme qui lui a fait connaître le premier acte sexuel. » Le tabou de la virginité des
primitifs serait ce qui permet à l'homme de faire l'économie de tels dangers, celui de la castration ou de la frigidité
féminine ; à un plus haut stade de la civilisation, l'appré-
ciation du danger cède la place à la promesse de sujétion.
« C'est pourquoi bien des femmes frigides dans un premier mariage sont pour leur second mari des épouses heu-
reuses et tendres, car leur réaction archaïque se serait en
quelque sorte épuisée sur le premier objet. »
    L'assujetissement des femmes, s'assurer leur posses-
sion permanente et tranquille, telle serait donc la fin de
l'homme, la seule chose qui lui permette de surmonter
l'angoisse de castration, l'angoisse qu'il éprouve devant
l'hostilité amère des femmes, leur besoin de se venger
d'avoir si injustement été pourvues ou dépourvues par la
« nature », bref devant leur envie du pénis. Ce que ne
déclare pas Freud, c'est que cette fameuse envie du pénis,
cette idée fixe qui hante tout son texte, est elle aussi une
manière de fixer les femmes dans une position stable, de
faire cesser leur oscillation permanente entre la position
masculine et féminine d'où naît toute l'énigme de leur

sexualité (telle que Freud la définit) : une manière de maîtriser leur bisexualité au profit de leur féminité ou de leur masculinité, ce qui revient au même. Une manière de les assujettir en les rendant complices des désirs des hommes puisque l'envie du pénis, si elle éveille leur angoisse de castration, les rassure aussi bien, assure qu'ils possèdent quant à eux le pénis. La « théorie » de l'envie du pénis est une spéculation, une fiction, une réaction à la panique que provoque le sexe de la femme, de la mère : panique analogue à celle que suscite l'écroulement du trône et de l'autel. Elle est une solution apotropaïque qui permet, face à l'angoisse de castration, de faire l'économie de la solution homosexuelle ; elle seule permet d'allier horreur et plaisir, l'érection colossale de l'homme. Si la condition du bonheur sexuel de l'homme, de sa puissance sexuelle dans toutes ses composantes, y compris perverses, est, dans les conditions de la civilisation, le rabaissement de l'objet sexuel, l'amour avec la putain, l'on peut dire que la fiction de « l'envie du pénis » est, malgré les dénégations de Freud, ce qui permet de rabaisser la femme, en faisant l'économie de la putain, cette femme suffisamment rabaissée pour ne pas évoquer la mère (même si la figure de la putain résulte d'un clivage de la figure maternelle), l'économie de la solution coûteuse du bordel et de tous les dangers qu'il implique pour la santé de l'homme : « Presque toujours l'homme se sent limité dans son activité sexuelle par le respect pour la femme et ne développe sa pleine puissance que lorsqu'il est en présence d'un objet sexuel rabaissé *(erniedrigtes)* ce qui est aussi fondé d'autre part sur le fait qu'interviennent dans ses buts sexuels des composantes perverses qu'il ne se permet pas de satisfaire avec une femme qu'il respecte [...]. Pour être dans la vie amoureuse vraiment libre, et par là heureux, il faut avoir surmonté le respect pour la femme et s'être familiarisé avec la représentation de l'inceste avec la mère ou la sœur. » *(Sur le plus général des rabaissements de la vie amoureuse*, 1912.)

## « *Mon émoi c'est l'oscillation* »
### *Pour un fétichisme généralisé : Derrida*

La solution freudienne permet encore de faire l'économie du fétichisme. Le fétichisme, lui aussi, facilite les relations amoureuses. La plupart de ses adeptes, dit Freud, en sont très contents ; quand ils entrent en analyse, ce n'est pas à cause du fétiche, car il n'est pas en général ressenti comme un symptôme douloureux. On peut dès lors se demander pourquoi Freud considère cette solution comme pathologique (pourquoi l'envie du pénis est une « meilleure » solution, permettant, elle, des rapports hétérosexuels évalués comme « normaux »), bref pourquoi c'est si mal d'être fétichiste. C'est qu'avec le fétichisme demeure une certaine oscillation, un « indécidable », et qu'à « spéculer sur cet indécidable », on est toujours perdant : même si, sur le plan conscient, le fétichiste est très content de son fétiche, s'il entre en analyse, celle-ci met en lumière que la solution adoptée est seulement celle d'un compromis et comme tel jamais parfaitement satisfaisant. Que la question du fétichisme soit liée à celle d'une oscillation indécidable, et donc à une spéculation où l'on gagne et perd à la fois, c'est ce que fait retentir le *Glas* de Derrida qui, à partir d'une lecture du texte de Freud, propose comme première étape[3] d'une déconstruction du phallogocentrisme ce que l'on peut appeler

---

3. Suivant en cela une méthode toute nietzschéenne.

une généralisation du fétichisme, et donc aussi de l'indécidabilité et de l'oscillation : « Mon émoi c'est l'oscillation. »

Abordant la lecture de Freud après celle qu'il vient de mener sur la spéculation hegelienne à propos du fétiche d'où il concluait qu'une certaine indécidabilité du fétiche laisse osciller entre une dialectique (de l'indécidable et de la dialectique) ou une indécidabilité (entre la dialectique et l'indécidable), Derrida écrit : « Qu'est-ce que spéculer quant au fétiche? Pour une telle question, le cap sans cap, c'est l'indécidabilité. » Greffer la lecture de Freud sur celle de Hegel permet, d'une part, de souligner par ce simple accolement que les bénéfices que retire Hegel de sa spéculation sur le fétiche sont peut-être du même ordre que les bénéfices du fétichiste lui-même; cela permet, d'autre part, de réinscrire les notions freudiennes de castration, de fétichisme, dans le cercle de la dialectique spéculative, de les mettre en rapport avec le procès de l'*Aufhebung* et de la vérité, de montrer que Hegel propose de ces concepts une puissante articulation systématique. De façon plus générale, cela permet de greffer le texte de Freud sur celui de la métaphysique qui a toujours tenté de maîtriser l'indécidable et l'insupportable, l'oscillation; pour qui être fétichiste c'est toujours mal : le fétichisme a toujours fait contre lui l'unanimité des fondateurs et des destructeurs de religion; être contre la religion ne fait en rien bouger l'économie de la métaphysique et de la religion tant que l'on critique encore le fétichisme, critique commune aux détracteurs et aux fondateurs des religions, symptôme d'un *vouloir* commun : le dévoilement de la colonne, l'érection de la chose même, le rejet du substitut; vouloir voué à l'échec car l'indécidable ne se laisse jamais maîtriser. L'oscillation fétichiste permet au contraire de faire bouger les catégories métaphysiques, de faire osciller entre une dialectique et une logique tout autre, celle de l'indécidable ; elle entraîne nécessairement une spéculation qui oscille entre un geste de maîtrise de l'oscillation et un geste qui ébranle et sollicite toutes les oppositions, entraînant dans sa dérive, entre autres, l'opposition fétiche/non-fétiche, substitut/chose même, masculin/féminin au profit d'une généralisation des termes les plus dévalorisés par la hiérarchie métaphysique : le fétichisme, le substitut, l'*Ersatz*, la supplémentarité et, parce que le féminin est caractérisé par l'oscillation, au profit aussi du féminin. C'est ce double geste que Derrida décrypte particulièrement dans le texte de Freud sur le fétichisme, texte qui oscillerait, qui clocherait particulièrement, texte particulièrement spéculatif : en tous les sens de ce terme. Derrida va jusqu'à dire (contre, cette fois, la littéralité du texte) que Freud, abordant la question du fétichisme, déclarerait lui-même emprunter la voie spéculative comme il tenterait de lester son hypothèse spéculative en donnant quelques arguments de poids, dont le fameux argument de la gaine. Au contraire, Freud déclare quitter la voie spéculative au moment où il aborde la description du fétichisme, voie risquée sur laquelle il avait eu tort de s'engager, ailleurs, et ceci non à propos du clivage fétichiste, mais de la distinction névrose/psychose : « J'eus bien vite lieu de regretter d'avoir osé m'aventurer si loin » ; « Revenant à la description du fétichisme, je dois dire qu'il y a de nombreux arguments, et des arguments de poids, en faveur de l'attitude de clivage du fétichiste quant à la question de la castration de la femme. » Que Freud, semblable en cela au fétichiste, ne déclare pas ouvertement sa spéculation ne signifie pas encore qu'il ne spécule pas. La dénégation plus que l'aveu est comme toujours symptomatique. Derrida, qui, à propos de Rousseau, distingue ce que *déclare* ouvertement un texte et ce qu'il *fait* en contrebande, n'avait pas besoin, pour sa démonstration, de l'aveu même de Freud, au contraire.

Quelle est donc la finalité d'une telle lecture (puisqu'il ne saurait s'agir simplement d'une mauvaise lecture...) ? Quelle stratégie poursuit ici Derrida et à quelles fins ? Quel est, et pour qui, le bénéfice de cette opération ?

D'abord de montrer que ce texte sur le fétichisme est, comme tout texte, hétérogène : qu'il y a à la fois, concernant le fétiche, des énoncés déterminés et décidables, et des énoncés indécidables qui permettent de défaire le système d'oppositions sur lequel repose la définition du fétiche comme substitut du pénis (de la mère) et de reconstruire, à partir de sa généralisation, un « concept » de fétiche qui ne se laisserait plus contenir dans l'opposition tout court. Ce serait « l'argument de la gaine » (et ceux qui font système avec lui), cité par Freud comme une conséquence de sa définition, malgré son caractère « subtil », qui, de fait, par l'indécidabilité qu'il introduirait, ferait rupture avec la définition initialement proposée. La singularité et la subtilité du cas de la gaine tiendraient à la liaison de ce fétiche à des intérêts opposés qui le rendrait particulièrement résistant. Derrida conclut — ce que selon lui ne ferait pas Freud — que la moindre consistance du fétiche suppose déjà quelque liaison à des intérêts opposés et s'inscrit elle aussi dans une économie générale de l'indécidable. Bref, le fétiche, en général, par son indécidabilité, comporterait une puissance d'excès par rapport à toutes les oppositions qui ferait osciller l'opposition *Ersatz/non Ersatz*, déni/affirmation. Ce que ne pourrait pas reconnaître ouvertement Freud qui, par ailleurs, conserverait la définition du fétiche comme substitut du pénis, de la chose même. Freud oscillerait donc, tel le fétichiste, entre deux positions et serait contraint par là même de *spéculer*.

« Le fétiche — en général — ne commence à exister qu'en tant qu'il commence à se lier à des contraires. Ce double lien, ce double ligament définit donc sa structure la plus subtile. Il faut en tirer toutes les conséquences. L'économie du fétiche est plus puissante que celle de la vérité — décidable — de la chose même ou qu'un discours décidant de la castration *(pro aut contra)*. Le fétiche n'est pas opposable. Il oscille comme le battant d'une vérité qui cloche... dans le gouffre d'une cloche. »

Or, me semble-t-il, le texte de Freud ici ne cloche peut-être pas exactement comme le dit Derrida qui prête à la fois *trop* et *trop peu* à Freud.

*Trop peu* quand il suppose que la définition du fétiche implique la distinction (simple) entre la chose même et son *Ersatz*, au profit de la chose même, comme dans toute la tradition métaphysique. En effet, si la fin du texte déclare que le prototype normal du fétiche c'est le pénis de l'homme, Freud, au début, dit que la définition qu'il donne du fétiche comme substitut du pénis risquerait de décevoir s'il ne s'empressait d'ajouter « qu'il ne s'agit pas du substitut de n'importe quel pénis, mais d'un certain pénis tout à fait particulier qui a une grande signification au début de l'enfance et disparaît ensuite. Normalement il aurait dû être abandonné mais le fétiche est justement là pour le garantir contre la disparition. Je dirai plus clairement que le fétiche est le substitut du phallus de la femme (la mère) auquel a cru le petit enfant et auquel nous savons pourquoi il ne veut pas renoncer ». En quoi une telle définition est-elle moins décevante que la précédente (ce que ne relève pas Derrida qui met la déception au compte de la seconde définition) si ce n'est qu'elle rompt avec la métaphysique, avec l'idée du pénis comme « chose même » puisque le pénis dont le fétiche est le substitut est un pénis fantasmatique, et qu'il n'a jamais été perçu comme tel, que le pénis de la mère, « la chose même », est toujours déjà un fétiche fictionné par l'enfant, une *croyance* impliquant à la fois le déni et l'affirmation de la castration. Il n'y a jamais eu de

« chose même », mais seulement de l'*Ersatz*, du postiche, une prothèse, une supplémentarité originaires comme réaction de panique du narcissisme infantile. Le fétichisme adulte est une répétition de ce fétichisme spontané infantile et n'est pas le substitut de la « chose même » ou de la vérité ; puisque substitut du pénis fantasmatique de la mère, il implique toujours déjà dans la « chose même » le jeu de la différence supplémentaire.

Si l'*Ersatz* est originaire, il ne saurait plus y avoir d'opposition *Ersatz/non Ersatz*. La logique traditionnelle du fétichisme se trouve donc défaite dans cette nouvelle définition que propose Freud, à coup sûr moins décevante que la première, car seule elle autorise le concept de fétichisme généralisé. Ainsi comprise, cette définition n'implique plus une rupture véritable avec l'argument de la gaine. Derrida a raison d'affirmer que « la moindre consistance du fétiche suppose déjà quelque liaison à des intérêts opposés », mais Freud ne dit pas autre chose puisqu'il ne saurait y avoir de fétichisme *sans compromis*, compromis entre l'affirmation de la castration et son déni, le *clivage* étant la condition de possibilité d'une maintenance de deux courants incompatibles, contradictoires pour une logique de la conscience. Si décision il y avait en faveur d'un des deux courants, il n'y aurait pas besoin de construire un fétiche : on aurait affaire ou à la psychose, au déni complet de la réalité, ou à la reconnaissance de ce que Freud appelle la réalité de la castration. L'argument de la gaine, aussi raffiné et subtil soit-il, est donc bien une conséquence de la définition du fétiche : d'emblée Freud ne déclare-t-il pas que tous les cas de fétichisme ont une même solution générale ! L'argument de la gaine a seulement valeur paradigmatique et le fétiche en général est bien, pour Freud aussi, par nature « indécidable ». Freud dit, quant à lui, qu'il a la nature d'un *compromis*. C'est peut-être *trop lui prêter* ici que d'assimiler purement et simplement le compromis à l'indécidable. En tout cas, comme le montre la conduite du fétichiste qui, par exemple, vénère *et* bat son fétiche, le fétichiste n'est pour aucun des deux partis, ni pour ni contre la castration ou encore il est pour les deux à la fois, il est « entre » les deux, il oscille entre les deux hypothèses contraires sans être capable de trancher entre les deux fonctions reconnues au fétiche, non plus qu'entre « la chose même » et son supplément, non plus qu'entre les sexes. Cette oscillation ne pourrait cesser que s'il y avait un clivage absolu entre les deux courants et la disparition complète de l'un d'eux. Mais le bénéfice de l'opération fétichiste consiste précisément à jouer sur les deux tableaux à la fois, à spéculer sur l'équivocité et l'ambivalence du fétiche (son indécidabilité, en ce sens) selon les besoins plus ou moins complexes de son économie, en étant plus ou moins perdant à ce jeu (car subsiste toujours un doute sur la castration ou la non-castration de la femme et donc sur « sa » propre castration à lui).

La stratégie de la lecture de Derrida qui assimile donc le compromis (possible seulement grâce au clivage entre les deux courants) à l'indécidable (qui n'implique pas nécessairement une logique de l'inconscient) lui fait mettre l'accent sur cette spéculation économique sur l'indécidable et souligner qu'à spéculer de la sorte l'on ne saurait être que perdant. Si l'on s'en tient à la littéralité du texte de Freud, l'on ne saurait dire qu'ici Freud, comme le fétichiste, jouerait sur tous les tableaux, sur celui de la décidabilité comme sur celui de l'indécidabilité. L'hétérogénéité du texte de Freud ne peut être mise en lumière que par toute une stratégie, une opération de déplacements « subtils et raffinés ».

Il reste que c'est seulement grâce à cette stratégie de lecture que Derrida peut introduire le concept de fétichisme généralisé (celui de l'*Ersatz*, du toc, de la prothèse originaire) qui ouvre l'espace du jeu, de l'oscillation, de l'indécidabilité où s'origine la littérature. *Glas*, dans sa forme même, est la mise en scène de ce fétichisme, de cette indécidabilité généralisée qui « renversent » le phallogocentrisme et toutes les oppositions métaphysiques. Que gagne-t-on, que perd-on à ce jeu ? Et *qui* gagne, qui perd à ce jeu si cette question a encore un sens ? Quelle sont les « fins » poursuivies par Derrida ? (« Derrida », est-ce bien l'« auteur », qui signe de ce nom *Glas* ? *Glas* qui sonne le glas de « l'auteur », du « nom propre », de la « signature » ?)

### La double bande

D'abord jamais une seule fin mais, tel le fétichiste, jouer toujours au moins sur deux tableaux à la fois : « Desseins qui ne se réduisent jamais à un seul », pour le bonheur ou le malheur de celui qui oscille entre les deux, se situe dans « l'entre ». D'où la division de *Glas*, son *Colpos*, ses doubles mamelons, ses deux collines, ses doubles colonnes, ses doubles gaines, chacune étant elle-même double (donnant lieu à une double lecture possible — frappée par là d'indécidabilité et « textualisée »), divisée, dédoublée par un antagonisme, un *double Bind*. L'« argument de la gaine » se trouve érigé en loi générale, loi de ce qu'ailleurs, à propos de *La folie du jour* [4] ou de *L'Arrêt de mort* [5], Derrida appelle la double invagination : elle enveloppe tout ce qui « comme un gant ou comme

---

4. *Cf.* « La loi du genre », in *Actes du colloque de Strasbourg*, 1979, sur le genre.
   5. *Cf. Survivre*, à paraître.

une fleur » (voyez *Les bonnes* de Genêt) « se retourne
dans tous les sens ou sens dessus dessous sans perdre une
certaine forme ».

Desseins doubles, une double posture ou postulation,
exigeant un double discours, une double écriture, d'écrire
deux textes à la fois ; et un double regard, profond, sté-
réoscopique : une lecture bigle, un strabisme infligé au
lecteur, de quoi, en le divisant, lui donner la nausée, lui
faire tourner et perdre la tête en ne lui laissant plus savoir
où est la tête et où est le corps du discours ; « quand il a la
tête ici, lui rappeler que la loi du texte est dans l'autre et
ainsi de suite » ; en supprimant les marges, les cadres, en
annulant et brouillant les lignes qui sépareraient un texte
d'un autre, empêcher toute délimitation, découpage,
domination, hiérarchie. « En écrivant deux textes à la
fois, quelle scène joue-t-on ici ? Qui la joue ? Qui désire
quoi ou a peur de quoi ? de qui ? » Ces questions se trouvent inscrites dans les colonnes de *Glas*. S'y trouve aussi
une première réponse par avance refutée : c'est qu'à
écrire deux textes à la fois, en jouant comme l'hystérique
dans sa crise ou le fétichiste, une double partition, qu'à
bander double on veut se rendre imprenable, rendre
imprenable l'écriture. Ce serait le comble de la maîtrise
que d'ériger deux colonnes, prétendre tenir toujours le
double discours, avoir un œil qui bigle sur l'autre pour ne
rien laisser échapper, tel l'Étranger du *Sophiste* qui pour
mieux piéger la bête qu'il poursuit tente de la chasser les
deux mains à la fois, n'abandonne aucun des termes de la
dichotomie. Mais s'il est vrai qu'écrire deux textes à la
fois peut être lu comme une puissante et médusante apotropaïque, comme l'érection d'une colonne supplémentaire qui protégerait contre l'angoisse de castration —
« Si j'écris deux textes à la fois, vous ne pourrez pas me
châtrer, si je délinéarise, j'érige » — écrire double c'est
aussi et toujours en même temps se castrer, se diviser,

diviser ses désirs en les dédoublant : se rendre imprenable, certes, mais toujours y perdre. A vouloir jouer sur les deux tableaux, tel le fétichiste, on y perd des deux côtés. On ne jouit jamais vraiment, on oscille seulement d'une posture, d'une postulation à l'autre ; on « joue seulement à jouir », on écrit.

« Je divise mon acte et mon désir. Je marque la division et vous échappant toujours, je simule sans cesse et ne jouis nulle part. Je me châtre moi-même — Je me reste ainsi — et je « joue à jouir ». Car si mon texte [était] imprenable, il ne sera[it] pas pris ni retenu. Qui serait puni dans cette économie de l'indécidable ? Mais si je me linéarise, si je me mets en ligne et crois — niaiserie — n'écrire qu'un texte à la fois, cela revient au même et il faut encore compter avec le coût de la marge. Je gagne et perds à tous les coups mon dard. Double posture — double postulation. Contradiction en soi de deux désirs inconciliables. Je lui donne le titre de *double bande*, le mettant pratiquement en forme et en jeu : un texte sanglé en deux sens. Deux fois ceint. Bande contre bande. »

A ce jeu étrange et inquiétant, *unheimlich*[6], du double, l'on est toujours aussi perdant, car la dualité des colonnes ou des embouchures implique la nécessité de passer d'une signature à l'autre, d'un sein(g) à l'autre, l'impossibilité de mettre la main ou la langue sur les deux à la fois — de maîtriser, de manipuler tout cela comme une plume. Car il n'y a pas de glas sans l'interposition de toute une machinerie dont un quelconque savoir absolu serait lui-même simplement l'une des pièces : « Au moment même où vous croyez embrayer, débrayer, manipuler, orchestrer, faire monter ou descendre la musique liquide en jouant des pédales, vous n'y êtes pour rien. » Et si vous

---

6. *Cf.* aussi notre « *un philosophe unheimlich* », ici même.

persistez à vouloir manipuler, vous courez le risque de voir, à travers ces judas où vous vous êtes réfugié pour épier cette scène primitive, de voir ce double, ces deux colonnes, toute cette machinerie inquiétante s'ébranler, se mettre en marche pour vous écraser, se jouer de vous, menacer de s'abattre l'une sur l'autre sans vous laisser aucune issue. C'est probablement ce que vous redoutiez déjà, voir les colonnes de la synagogue s'abattre sur vous, lorsqu'enfant juif vous regardiez de loin et probablement de bas en haut, la thora dénudée, débandée, ses deux colonnes/jambes écartées, portées à bout de bras, puis de nouveau enroulées, bandées. Avant, plus tard, de prêter vous-même la main à cette cérémonie. Vision, manipulation interdites qui vous a fait, dites-vous, longtemps rêver, a fait s'agencer toutes les pièces de votre vie. A l'origine, sans doute, de votre fétichisme généralisé, de votre oscillation indécidable, de vos nécessaires doubles liaisons. Mais qui vous ? Derrida ? Celui qui signe de ce nom *Glas* ? *Glas* qui met en jeu le nom propre, la signature comme marque d'une identité, d'un auteur déterminé ? Si la signature est « le réseau de plus d'un nom » *Glas* sonne le glas de l'autobiographie, de la psychanalyse de l'auteur : on ne saurait analyser le battant d'une cloche[7]. Aussi bien le souvenir d'enfance de « Derrida » se trouve-t-il greffé sur l'évocation de la Thora faite par le non-juif Genêt, dans *Notre-Dame des fleurs*, qui, aussi bien que la Thora, aura prescrit sa forme à *Glas* : « Quand le rabbin déroule lentement la Thora un mystère saisit de frisson tout épiderme, ainsi quand on voit se déshabiller un colon... » Le souvenir d'enfance de « Der-

---

7. « *Glas* est aussi d'une guerre pour la signature, d'une guerre à mort en vue du texte qui ne reste finalement à personne. Il ne s'écrit ni d'un côté ni de l'autre... Il bat entre les deux. Le lieu qu'aura préoccupé le battant, nommons le *Colpos* (sein de la mère, de la nourrice, pli d'un vêtement, le repli de la mer entre deux vagues, la vallée qui s'enfonce vers le sein de la terre). »

rida » n'est pas un principe explicatif de l'écriture de *Glas* et la *Thora* n'est pas un texte paradigmatique. Avec *Glas*, plus de paradigmes, rien que des séries. La *Thora* fait série avec *Notre-Dame des fleurs, Le Miracle de la rose* avec *Ce qui est resté d'un Rembrandt*, avec *L'Arrêt de mort* de Blanchot, au titre arrêté, suspendu entre deux sens, texte qui fait lui-même série avec *Le Médecin de campagne* de Kafka, greffé lui-même sur *Madame Bovary*, etc. Fait série avec les autres textes signés Derrida, entre autres, *La double séance, La vérité en peinture* et la question du double colossal, de la paire de chaussures de Van Gogh qui n'est pas vraiment une paire — avec *Survivre*, sur le double récit de Blanchot, la question de la double théorie et du double triomphe, etc. *Glas*, c'est une envolée de cloches entre les textes, un pendule oscillant qui, selon le titre de Blanchot, accompagne sans accompagner, escorte des textes. « Le texte ne s'écrit ni d'un côté ni de l'autre. Il bat entre les deux. Le lieu qu'aura préoccupé le battant, nommons-le *Colpos*. » « Je m'écris sur la hune entre les deux. »

Entre tous ces textes, il y a non un rapport de modèle à copie, mais des rapports de citation, de plagiat[8], d'enrichement, de traduction, de transfert, de réédition, de « surimpression apocalyptique », de « hantise cryptique » (tous termes que vous lirez dans *Survivre*) dont la condition de possibilité est l'absence de texte paradigmatique, de corpus intégral, et de fétiche. Chaque texte, dit *Glas*, est une machine à multiples têtes lectrices pour d'autres textes qui communiquent ainsi entre eux, se surveillent, se répondent l'un l'autre, accouplés, divisés et

---

8. *Cf.* Blanchot : « Sont rendues vaines toutes considérations d'influence, de causalité, de modèles, de façons ou de contrefaçons, sauf en ceci que le « plagiat » [...] ne saurait venir après un texte donné pour initial, fût-ce pour l'initier à lui-même, mais le répéterait comme non écrit ou répéterait le texte dont il n'y a pas lieu de savoir s'il fut antérieurement produit, puisqu'il fut toujours et par avance reproduit. » *Le pas au-delà*, Gallimard, Paris, p. 49.

agglutinés en même temps, devenus par là, quant à leur code, quant à leur sexe, indécidables. Ils parlent l'un dans la langue de l'autre sans même se connaître (comme les deux femmes de *L'Arrêt de mort*, selon l'hypothèse folle de *Survivre*) : procession d'un texte, d'une langue dans une autre, passage en force de ce cortège sur la rive d'une autre langue, dans la langue de l'autre, provoquant une sorte de débordement mettant à mal toutes les limites coupantes : plus de cadre, plus de bord, plus de limite assurée entre un texte et son dehors, la fin et l'entame d'un texte, l'unité d'un corpus, le titre, les marges, etc. Plus qu'un réseau différentiel, un tissu de traces renvoyant indéfiniment à de l'autre, référées à d'autres traces différentielles. Chaque texte, l'un par l'autre transformé, et *a fortiori* celui qui s'écrit entre eux, n'appartient à aucune forme, aucun genre, aucun mode de littérature ou de philosophie. Sonnez le glas du code et du genre !

Tout ce qui vient d'être dit du texte peut être dit du sexe : il y a, dans *Glas, une sexualisation du texte et une textualisation du sexe*. La question de la sexualité comme oscillation indécidable, répète, est la même que celle du texte, comme volée de cloches entre les textes : l'écriture de la double colonne est celle d'un sexe double, diabolique, qui dans sa duplicité rompt avec toutes les oppositions et toutes les hiérarchies ; chaque sexe, comme chaque texte l'un à l'autre agglutiné, devient indécidable, parle la langue et dans la langue de l'autre, pénètre l'autre : ni féminin ni masculin, ni castré ni non castré, non parce que bisexué mais parce que battant entre les sexes, parce que sexe toujours déjà double, qui gaine et bande doublement obéissant à un *double Bind*. Sexe à double ligament, double liaison, à double éperon, à double style, qui bande et contrebande, qui ne bande qu'à être bandé, qui bande d'autant plus fort qu'il est toujours déjà « castré » (puisque si la castration n'a jamais lieu on ne peut pas dire non plus qu'il n'y a pas de castration), en tout cas entamé, incisé, tailladé par l'autre. D'autant plus puissant que divisé, coupé. D'où l'aspect oblique de l'érection, ce que Derrida appelle l'*antherection* qui accompagne toute érection et qui la fait s'épancher, tomber, s'inverser.

Puissance de ce sexe bandé qui, à bander double, ne peut pourtant que « jouer à jouir », tel ce Tiresias que cite Genêt, cité par *Glas*, Tiresias patron des comédiens : « A cause de sa double nature, sept ans un vêtement d'homme, sept celui d'une femme, sa féminité pourchassant sa virilité, l'une et l'autre étant jouées, de sorte qu'il n'avait jamais de repos, je veux dire de point fixe où se reposer. » Tiresias-Dionysos : la puissance de la jouissance et son jeu ne sont pas antinomiques, et l'on ne peut peut-être « vraiment » jouir qu'en jouant à jouir.

## De « la question du style » à celle de Stilitano ou l'écriture du m'ec

La puissance de *Glas*, sa « Potence », vient de ce qu'il met en scène la *double bande*, le *double bind* que sont le texte et le sexe. Elle tient à la mise en scène de ce fétichisme généralisé, à l'écriture par laquelle se trouvent raturées toutes les oppositions, celles des sexes, celles de la castration et de la non-castration, au profit de l'affirmation, de la double affirmation : écriture qui, parce qu'elle mélange tous les sexes et les genres, implique une nécessaire faute de goût; rejouons, dans les limites de cette conférence, la cérémonie de *Glas* — l'inverse d'une purification. Cela commence par le reste, par le mors, le moignon, par une citation mettant en jeu le reste. Par deux colonnes toujours déjà tronquées par le bas et par le haut et tailladées dans leurs flancs, colonnes blessées, colonnes colossales d'entrée de jeu doubles. *Colonnes stilitanesques* (*Glas* peut être greffé directement sur *Nietzsche et la question du style,* conférence prononcée par Derrida ici même en 1972), elle se dressent telles les styles d'une fleur ou comme des têtes emmaillotées, après avoir été décapitées, auréolées, glorifiées par cette décapitation, relevées par cette décapitation même (telles ces têtes de saints-martyrs décapitées sur tel tableau de Fra Angelico qu'on peut voir au Louvre, têtes saignantes, glorieuses) : glorification de ce qui échoit, tombe tel un étron. « *Notre-Dame des fleurs* s'ouvre sur l'archive de toutes les têtes qui viennent de tomber, condamnées à mort. Mais en se laissant tomber, la tête s'est déjà relevée. Elle surgit, elle s'érige précisément, décidément dans ce cas. Etre décapité, c'est apparaître — bandé : comme la tête emmaillotée et comme le phallus, la tige érectible, le style d'une fleur. » Les colonnes stilitanesques sont des colonnes obliques, obéissant à la logique de l'antherection. De la coupure ce qui reste devient plus fort. « Plus ça reste, mieux ça bande... Il ne faut pas simplifier la logique de l'antherection. Ça n'érige pas contre ou malgré la castration, en dépit de la blessure ou de l'infirmité, en châtrant la castration. Ça bande la castration. L'infirmité, elle-même se panse à bander. C'est elle qui... produit l'érection. » C'est toute l'histoire du peuple juif à partir d'Abraham telle que la lit Hegel-Derrida ; c'est celle, dans l'autre colonne, de *Stilitano* qui tient sa force, gloire et magnificence de son moignon, de sa mutilation, de sa castration pourrait-on dire si ce « terme » n'arrêtait le texte ; Stilitano qui bande et débande, plus vif que mort grâce à ses coupures.

Une colonne stilitanesque n'est pas érigée après coup pour voiler une déficience, une castration, c'est une prothèse qu'aucun événement de castration n'aura précédée. Rien ne tiendrait debout sans elle. Elle bande toute seule. Elle est une machinerie, un postiche et un pastiche, une parure, une parade (un parapluie, un paravent, un parachute, etc.), un supplément originaire. Indécidable quant au sexe, Stilitano s'affirme aussi bien comme mâle que comme femme pudique ou comme pédé qui se hait, comme travesti. « Tout le monde bande et s'incorpore dans le travesti, les opposés en tous genres. L'incorporation de tous les sexes à la fois suppose la coupure et le supplément à l'intérieur de la double bande. Mais dès qu'en raison de la coupure supplémentaire il y a deux bandes, s'agit ce double sexe indécidable qui gaine père et mère tout à la fois. »

Son postiche, la grappe de raisin, ne peut être lu comme un fétiche qui serait le substitut d'un pénis, qu'il a grand et fort, mais comme une plaie postiche. Ce pendant féminin, c'est l'antherection. Une colonne stilitanesque c'est aussi, une colonne marquée, couverte de cicatrices, de légendes et de tatouages : « *Glas* est une cérémonie qui obéit dans sa forme à l'ordre des tatouages dont l'institution est racontée dans *Le Miracle de la rose*. » : mots et dessins incrustés dans chaque colonne, entaillés, mêlant le noir de l'encre et le rouge du sang pour passer le contrat dans sa peau et traiter le texte. Et à propos de *Glas* : « Dans la pierre de chaque colonne des sortes de judas incrustés, créneaux, jalousies, meurtrières pour voir à ne pas se laisser emprisonner dans le colosse, tatouage dans la peau plissée d'un corps. »

« Fabrication des tatouages — mille et mille petits coups d'une fine aiguille frappent jusqu'au sang la peau et les figures les plus extravagantes s'étalent aux endroits les plus inattendus [...]. Tout le bleu grimaçant sur une peau blanche revêt d'un prestige obscur mais puissant l'enfant qui en est couvert, comme une colonne indifférente et pure devient sacrée sous les entailles des hiéroglyphes, comme un poteau totem. »

Colonnes taillées dans le flanc, incisées, tatouées, incrustées pour un supplément de force, de puissance et de jouissance... de « jouissance féminine » pourrait-on dire si quelque chose comme tel pouvait encore exister dans ce fétichisme généralisé qui fait osciller l'opposition du féminin et du masculin. Car « les tatouages sont aussi le relief de pierreries brillantes et coupantes comme celle que les Dayaks de Bornéo enfonçaient après incision à la surface du pénis pour accroître la jouissance féminine ». Et si telle était la fin dernière de toute cette machinerie, de ce cérémonial, elle serait l'inverse même des fins de Freud et du phallogocentrisme : subordonner, on l'a vu, les intérêts sexuels féminins à l'homme et à ses désirs. Ces incrustations de *Glas* ne sont pas des ornements ajoutés après coup sur des colonnes d'abord lisses, intactes, entamées comme c'était le cas de ces colonnes phalliques de l'Inde qui ouvrent et ferment la procession hegelienne de *Glas* ; colonnes où les entailles, les excavations, les ouvertures, les creusements, les trous, les marques latérales en profondeur seraient survenues après coup à des colonnes d'abord introuées ou apparemment introuvables. *Glas* sonne aussi la fin de la limite entre une colonne et ses ornements, ses *parerga*, ses balcons, ses canelures. Telles les colonnes du bordel du *Balcon* de Genêt, chaque colonne est une fausse colonne où toujours se dissimulent des judas, des galeries, des balcons.

Quels rapports entretiennent entre elles ces deux colonnes qui peuvent paraître — et c'est là une vision métaphysique — opposées, dressées l'une contre l'autre, ne communiquant pas, comme seraient antagonistes le féminin et le masculin, la littérature et la philosophie ? Elles ne sont pas opposées ; pourtant, elles sont hétérogènes : le fétichisme généralisé n'aboutit pas à une indifférenciation, ni sexuelle ni textuelle : une colonne ne parle pas la langue de l'autre, n'obéit ni au même rythme ni à la même loi ; elles diffèrent l'une de l'autre comme « la dialectique de la galactique », elles sont comme deux tours colossales érigées dans une double solitude, sans rapport apparent. Non opposées mais hétérogènes, elles communiquent pourtant entre elles : parce que ces colonnes ne sont pas inentamées, parce qu'elles sont doubles, obliques, parce qu'il y a des judas, des jalousies, s'établit entre elles une série d'échanges, des clins d'œil — elles collent et décollent passant l'une dans l'autre. Elles se pénètrent : or, toute pénétration suspend l'opposition (car elle ne trouve pas en elle de substance réellement opposable). Notamment l'opposition sexuelle se trouve compromise dans cet agglutinement, entichement, accouplement des sexes, des textes et des termes. « Chaque terme en deux divisé s'agglutine à l'autre, s'accouple de façon déchaînée, ivre comme un sonneur à sa corde pendue » : c'est l'effet de *Gl* (colle, glu, crachat, sperme, chrême, onguent forment le conglomérat sans identité de ce cérémonial), ou encore *la loi de l'équivalence générale des termes,* des contraires qui s'échangent sans fin, où « chaque phrase, chaque mot, chaque moignon d'écriture se trouvent rapportés à chaque autre, dans chaque colonne et d'une colonne à l'autre : chaque enveloppe ou gaine incalculablement renverse, retourne, remplace, recoupe l'autre : échange infini des deux colonnes qui se regardent à l'envers ; ce qui prête sa forme à cette équivalence générale c'est toujours la fleur et les gants ». « Pour que les opposés prétendus s'équivalent et se réfléchissent, il faut que la fleur se retourne comme un gant et son style comme une gaine. Les gants ne sont pas seulement des signifiants artificiels et réversibles, ce sont des gants presque faux et les bonnes, tels les Juifs de l'autre colonne, sont à la fois châtrées et castratrices, araignées ou fourreaux de parapluie, pleines et vides du phallus de Madame que Madame n'a pas. » « La loi d'oscillation et d'indécision qui remarque le retournement incessamment instantané de la fleur : pénis/vagin, castration/virginité, érection/ retombée, organisme naturel/artefeact désarticulé, corps propre total/morceau fétichisé, etc. Il n'y a pas ici de choix, de disjonction ou d'accumulation. Mon émoi c'est l'oscillation. » (A propos du *Journal du voleur.*)

Chaque colonne donc qui semble s'enlever dans une impossible suffisance — le croire, telle est l'idéologie métaphysique — se trouve néanmoins entrelacée, entretissée, entortillée sur l'autre comme une liane — s'écoule dans le corps de l'autre. C'est cela *l'écriture du m'ec,* l'inverse de celle de l'homme, celle de l'équivalence générale des sujets et des contraires, du *mélange des genres.* Grâce à toute une machinerie complexe, dépurifiante, l'écriture du M'ec sonne le glas du phallogocentrisme, la fin de toutes les oppositions, celle de l'homme aussi bien que celle de la femme, au profit d'une « jouissance féminine », si par féminin l'on entend l'oscillation indécidable.

La généralisation du fétichisme renverse la hiérarchie au profit du terme le plus dévalué et permet l'équivalence générale, l'écoulement de l'un dans l'autre, la communication de ce qui paraissait incommunicable. Elle est une « étape » qui conduit à l'affirmation (pourtant déjà là dans le fétichisme généralisé qu'elle seule rend possible), ou plutôt à la double affirmation puisque celle-ci est liée « à ce qui engage dans la langue de l'autre[9] ». Elle conduit à un « Oui, oui », à un « Viens » dit à l'autre, signe

9. *Cf. Survivre,* et Blanchot, *L'attente, l'oubli* : « En un seul langage toujours faire entendre la double parole. »

d'un hymen, d'une alliance qui faisant s'écouler l'un dans le corps de l'autre, transforme l'un et l'autre, ne laisse intact aucun de ces pôles complémentaires, « entichés » l'un de l'autre. « Passage » du fétichisme généralisé à la double affirmation qui est un pas au-delà, de Genêt vers Blanchot, un pas au-delà, de l'oscillation indécidable vers le Neutre, qui, s'il passe par la forme du ni... ni, est fondamentalemment affirmatif. Peut-être est-ce dans ce pas au-delà que se donne à entendre non plus seulement le glas du phallogocentrisme, mais encore de nouvelles fins : non plus celles de l'homme ni celles de la femme, mais celles d'un « je-nous ».

« Ce qu'elle est pour moi : ce nous qui nous tient ensemble et où nous sommes ni l'un ni l'autre ? Peut-être n'est-il que moi-même, depuis toujours moi sans moi, rapport que je ne veux pas ouvrir, que je repousse et qui me repousse. »

« Je pouvais m'en distinguer, seulement l'entendre tout en m'entendant en elle, immense parole qui disait toujours "Nous". »

« Bonheur de dire oui, d'affirmer sans fin. » (Blanchot, *Le dernier homme*.)

ANNEXE

# Philosophie terminée
# Philosophie interminable *

* Publié initialement dans le volume du GREPH : *Qui a peur de la philosophie ?* Flammarion, coll. champs, 1977.

## L'argument de la maturité

Un des arguments les plus courants pour défendre la classe de philosophie : l'élève, avant la « Terminale », ne serait pas assez « mûr » pour comprendre un enseignement philosophique. Prétendre enseigner la philosophie dans d'autres classes du secondaire, cela reposerait sur une méconnaissance des possibilités de l'intelligence humaine incapable de soutenir, avant un âge déterminé, les efforts exigés par la plus noble des disciplines. Quant à réserver la philosophie aux seules études supérieures, on semble admettre qu'il serait alors trop tard : la philosophie devrait être le « couronnement » des études secondaires, elle devrait régner en maîtresse sur les autres disciplines, achever et parachever un certain cycle de connaissances, pour laisser place, aussi bien, ultérieurement, à plus important qu'elle : à la vie, à l'action, à d'autres études, sauf pour les étudiants — en petit nombre — qui, à leur tour, se destineraient à un enseignement philosophique.

L'argument de la maturité semble « réaliste » et une pédagogie raisonnable, obéissant au *principe de réalité,* devrait donc préconiser un enseignement philosophique, limité à la seule « Terminale ». On pourrait aussi invoquer le *principe du plaisir* : l'âge de la Terminale est celui de l'adolescence qui prend plaisir à tout bouleverser, à tout « remettre en question » ; l'adolescence n'est-elle pas l'âge critique, sceptique, l'âge « métaphysique » par définition ? Enseigner la philosophie à cet âge , ce serait donc aller dans le sens de la pente naturelle de l'intelligence, qui, à un moment bien déterminé de son développement, aurait *besoin* de passer par une phase négative, interrogative, « philosophique ». Cet âge sceptique, correspondant à la « maturité » métaphysique, ne serait, lui aussi, qu'une étape vers la véritable maturité de l'intelligence. Celle-ci impliquerait l'abandon du doute, de l'interrogation, de la critique dissolvante au profit des certitudes et de la positivité. La philosophie en « Terminale », entendue comme interrogation critique, doute généralisé, bouleversement des opinions reçues, exploiterait donc ce moment privilégié qu'est l'adolescence : elle pourrait être interprétée comme une concession octroyée au besoin d'indépendance et de critique de la jeunesse, alors qu'elle aurait une valeur cathartique et préventive : la critique philosophique, en occasionnant une décharge des pulsions destructrices, servirait d'exécutoire, permettrait, dans la vie réelle ultérieure, l'économie des révolutions politiques. A l'issue de la classe de philosophie, la crise de l'adolescence devrait être liquidée : le passage du lycée à la vie serait aussi le passage de l'âge de la révolte à celui de la raison, à la maturité véritable. Tout devrait, de nouveau, rentrer dans l'ordre. La crise devrait être passagère, servir de transition, ne pas laisser de reste.

L'argument de la « maturité » n'est donc pas « innocent » : il est fondamentalement *politique,* il implique une certaine politique. Ce n'est pas par hasard si le terme de « maturité », au sens rigoureux, renvoie de façon privilégiée entre toutes à la philosophie d'Auguste Comte pour qui précisément l'âge métaphysique et celui de l'adolescence ne font qu'un ; l'un et l'autre sont un mal radical car ils comportent le *risque par excellence,* celui du désordre et de l'anarchie ; l'âge métaphysique n'est qu'un âge de transition, un âge nécessairement *pathologique* devant laisser place au seul âge normal, l'âge positif, celui de la maturité virile au cours duquel toutes les valeurs théologiques se trouvent restaurées, mieux que jamais garanties, par des principes non plus chimériques mais scientifiques[1].

Tel pourrait donc être l'enjeu...

L'exemple d'Auguste Comte invite à être particulièrement attentif au « thème » de la maturité, présent chez presque tous les philosophes, des sophistes à Nietzsche : ils s'interrogent sur le meilleur moment pour philosopher et leur réponse, on peut le soupçonner, n'est jamais neutre. Elle implique presque toujours un postulat qui semble aller de soi : l'opposition de la philosophie et de la vie.

Ainsi, pour Descartes, c'est une seule fois en sa vie qu'il faut philosopher, c'est-à-dire « entreprendre sérieusement » de se défaire des opinions reçues pour parvenir, grâce à un doute généralisé et méthodique, à « établir quelque chose de ferme et de constant dans les sciences ». Le sérieux même de l'entreprise exige que l'on soit parvenu à un âge *mûr* : alors précisément parce qu'on est certain de tout et libre de tout souci, l'on peut pratiquer avec sérieux un doute systématique et hyperbolique ; l'absence de doute existentiel garantit seule le caractère philosophique du doute (l'exploitation du scepticisme de l'adolescence est donc fondamentalement anti-cartésienne) : « Maintenant donc que mon esprit est libre de tous soins, et que je me suis procuré un repos assuré dans une paisi-

---

1. *Cf.* S. Kofman, *Aberrations de l'idéologie, le devenir-femme d'Auguste Comte*, Flammarion, 1978.

ble solitude, je m'appliquerai sérieusement et avec liberté
à détruire généralement toutes mes anciennes opinions. »
(*Première Méditation.*)

Philosopher une fois dans sa vie : car le doute n'est
qu'un moyen en vue de fonder les sciences, de donner des
racines métaphysiques à l'arbre dont les branches princi-
pales sont la médecine, la mécanique et la morale, sciences dont les fruits sont le bien-être du corps et celui de
l'âme, c'est-à-dire le bonheur. La principale utilité de la
philosophie, c'est donc de garantir le bonheur, fin dernière de l'existence. Un doute radical permet de trouver
une certitude inébranlable, un point ferme et fixe qui
assure contre le doute existentiel et procure une sécurité
définitive. Il permet, pour le reste de l'existence, d'avoir à
consacrer fort peu d'heures par an aux pensées « qui
occupent l'entendement seul... », de donner tout son
temps « au relâche des sens et au repos de l'esprit » :
« Comme je crois qu'il est très nécessaire d'avoir bien
compris, *une fois* en sa vie, les principes de la métaphysique, à cause que ce sont eux qui nous donnent la connaissance de Dieu et de notre âme, je crois aussi qu'il serait
très nuisible d'occuper souvent son entendement à les
méditer, à cause qu'il ne pourrait si bien vaquer aux fonctions de l'imagination et des sens ; mais que le meilleur est
de se contenter de retenir en sa mémoire et en sa créance
les conclusions qu'on a *une fois* tirées, puis employer le
reste du temps qu'on a pour l'étude, aux pensées où
l'entendement agit avec l'imagination et les sens. » (*Lettre à la Princesse Elisabeth du 28 juin 1643.*) (Je
souligne.)

Philosopher une fois, une *bonne* fois, pour n'avoir
plus jamais besoin de philosopher... Et vivre. Philosopher davantage serait « très nuisible » — à la vie. C'est
pourquoi le problème de la maturité est fondamental : si
l'on ne choisit pas le « bon moment », on risque de pas-

ser sa vie dans le doute, passer sa vie à philosopher. On risque donc d'y perdre la vie. Philosopher d'abord, pour vivre ensuite une vie dont la philosophie aura garanti en vérité la sécurité et le bonheur. (On pourrait opposer à cette conception cartésienne le fameux principe tributaire de la tradition empiriste, hédoniste, « vivre d'abord, philosopher ensuite » : il faudrait d'abord avoir vécu pour pouvoir réfléchir sur la vie et en tirer des règles de vie. Position paradoxale puisque ce n'est qu'à la fin de la vie qu'on disposerait de règles pour bien vivre. En fait cette position fait système, comme toujours, avec celle qui lui est contraire : toutes deux impliquent l'opposition de la vie et de la philosophie, et une valorisation de la vie aux dépens de la philosophie : chez Descartes, on se débarrasse *une bonne fois* de la philosophie même si c'est grâce à elle seule qu'on peut mieux vivre ensuite. Chez l'empiriste, l'hédoniste, on jouit d'abord de la vie, on réserve la philosophie pour la vieillesse, moment où, de toute façon, on ne peut plus vivre, où reste seulement la philosophie.)

« L'argument » de la maturité est donc pour le moins équivoque : il peut souligner ou le sérieux de la philosophie qui exige un moment privilégié, approprié à la grandeur de l'entreprise ; ou le sérieux de la vie qui exige qu'on se débarrasse une bonne fois pour toutes de la philosophie afin de mieux vivre et ne plus encourir le risque de « tomber dans une eau très profonde où l'on ne puisse plus [s'] assurer de [ses] pieds dans le fond ni nager pour [se] soutenir au-dessus ». (*Deuxième Méditation*.)

Il faut attendre Nietzsche pour que soit effacée l'opposition de la philosophie et de la vie, et, par conséquent, pour que soit posé autrement le problème de « l'âge » de la philosophie. Comme Descartes (mais non pour les mêmes raisons) Nietzsche considère que « c'est dans le bonheur qu'il faut commencer [à philosopher] en pleine maturité virile, dans le feu de cette brûlante allégresse qui est celle de l'âge adulte vaillant et victorieux ». (*La Naissance de la Philosophie à l'époque de la Tragédie grecque,* tr. fr., p. 32, Gallimard.) Il faut commencer à temps et il faut aussi savoir s'arrêter à temps : il ne faut pas attendre d'être dans le malheur, comme le pensent ceux qui font dériver la philosophie du mécontentement. Ne pas philosopher dans la vieillesse ! Non parce qu'on ne serait plus apte alors à chercher la vérité, mais parce que les jugements qu'un vieillard porterait sur la vie seraient nécessairement marqués par le ressentiment d'une vie affaiblie, malade. Parce que la philosophie est inséparable de la vie, parce qu'un système philosophique est toujours « une confession de son auteur, une sorte de mémoires involontaires » (*Par delà le bien et le mal,* 6), parce que toute thèse consciente renvoie toujours à une thèse inconsciente, anticipée, celle des pulsions, on ne doit pas philosopher à n'importe quel âge, si l'on veut du moins, justifier l'existence de la philosophie comme ont su le faire les Grecs de l'époque présocratique ; « l'aurore » de la philosophie, considérée par la philosophie métaphysique, d'Aristote à Hegel, comme l'enfance de la philosophie, le moment de son balbutiement, le moment le plus pauvre qui ne peut recevoir tout son sens et sa plénitude que des « développements » ultérieurs, se trouve réévaluée par Nietzsche : elle est, pour lui, sous le signe de la plénitude car elle donne naissance à tous les types possibles de philosophie que l'histoire ultérieure a pu seulement répéter, mêler, dégrader, corrompre.

C'est que les présocratiques ont vécu « à l'époque la plus vigoureuse et la plus féconde de la Grèce », ils ont philosophé en pleine santé, dans la fougue de la jeunesse. « En philosophant à ce moment de leur histoire, les Grecs nous renseignent autant sur ce qu'est la philosophie et sur ce qu'elle doit être, que sur leur propre nature. »

Si la question de la « maturité » reste primordiale pour Nietzsche c'est donc au contraire, parce que la philosophie est inséparable de la vie, le philosophe de son corps et de ses désirs. Parce que le corps doit servir de fil conducteur, la notion même de maturité n'est plus simplement analogique. Le corps « collectivité d'âmes nombreuses », hiérarchisation des instincts, des volontés, sous un instinct, sous une volonté dominante servant de centre provisoire de perspective, de telle sorte que la « maturité » n'est pas liée à un âge déterminé, mais à la force d'affirmation des volontés, à la volonté d'affirmation et de puissance des instincts, encore que celle-ci ne soit pas indépendante de l'âge « biologique ».

Par cette nouvelle conception de la « maturité » Nietzsche brouille singulièrement les limites entre la jeunesse et la vieillesse, il remet en question la conception métaphysique, aristotélicienne ou hégélienne, de l'histoire de la philosophie, où ce qui vient « après » est plus « sage », plus « riche » que ce qui vient « avant ». Nietzsche découvre que le « vieux Kant » malgré son âge, se comporte comme un enfant. (*Par delà,* II.) Toute la philosophie dogmatique qui se donne comme un achèvement de la philosophie, philosophie adulte, mûre, ayant renoncé à tous les préjugés de l'enfance, est un simple balbutiement, un enfantillage : « Pour parler sérieusement, je crois qu'il y a de bons motifs d'espérer que tout dogmatisme en philosophie — quelle que fût son attitude solennelle et quasi définitive n'a été qu'un noble enfantillage et un balbutiement. » (*Par delà, Avant-propos.*) La « vieillesse » de Kant, celle des philosophies dogmatiques, n'est pas un signe de sagesse mais d'un manque de virilité : aussi bien n'ont-ils pas su s'y prendre avec les femmes, et « en admettant que la vérité soit femme » ils n'ont jamais su ni pu la conquérir parce qu'ils ont châtré l'intelligence et coupé la connaissance de la vie. La philosophie dogmatique a voulu persuader et se persuader que la connaissance est le résultat d'une dialectique divinement inconsciente, menée par un esprit « pur », coupé de tout rapport au corps et aux désirs. Tel est le soupçon du philosophe du *gai savoir,* cet enfant gâté de la philosophie, qui jouit du plaisir pervers d'assister à la scène philosophique (cette autre scène primitive), de s'offrir en spectacle le ridicule des vieux philosophes qui sont toujours déjà morts avant même d'avoir vécu, ayant toujours renoncé à leurs désirs. Ce qu'il soupçonne c'est aussi leur tartufferie. Ceux qui prêchent ainsi le renoncement aux désirs au nom de la morale, défendent encore leurs désirs, mais les désirs de malades qui se protègent derrière tout un appareil conceptuel, rationnel, comme d'une cuirasse : pour effrayer, faire reculer l'ennemi, par crainte d'être violentés, violés peut-être...

Nietzsche permet de comprendre en quoi l'argument de la « maturité » est tributaire d'une conception métaphysique de l'histoire, évolutionniste et linéaire ; en quoi parler de « maturité » de l'esprit ou de l'intelligence dissimule le lien essentiel de la philosophie à la vie, au corps, et aux désirs. La « maturité » intellectuelle ne saurait être indépendante d'une certaine économie pulsionnelle. Si l'adolescence est l'âge métaphysique par excellence ce n'est peut-être pas seulement parce que l'intelligence, au cours du temps, passe nécessairement par une phase critique et sceptique. L'esprit critique de l'adolescence est à mettre en relation avec une crise plus générale, un bouleversement de toute l'économie pulsionnelle. Le cours de l'esprit est inséparable du cours du flux pulsionnel, et son « développement » inséparable du destin des pulsions.

Au moment même où on en ferait un argument « théorique » accordé au simple principe de réalité, l'argument de la maturité dissimulerait donc à la fois des enjeux politiques et pulsionnels. Et ceux-ci sont inséparables.

A en croire Nietzsche, c'est avec Socrate-Platon que la philosophie aurait commencé ce travail d'occultation, en introduisant une scission rigoureuse entre la philosophie et la vie, la philosophie et la politique. Il nous paraît donc intéressant de nous attarder un peu plus longuement sur ce moment décisif, ce moment de la coupure dont toute l'histoire de la philosophie aurait été tributaire.

*Le point de vue de Calliclès :*
*le charme puéril de la philosophie.*

C'est bien par rapport au désir que Calliclès et Socrate, dans le *Gorgias* de Platon, posent le problème du moment approprié, sinon à l'enseignement, du moins à l'éducation philosophique. C'est, en effet, en fonction du plaisir que Calliclès détermine l'âge de la philosophie : à chaque âge ses désirs et ses plaisirs. Savoir quel est le plaisir propre à la philosophie suffit pour déterminer le moment privilégié correspondant à celui que la nature elle-même nous assigne. La « maturité » n'est plus affaire d'intelligence : le corps et ses désirs servent de fil conducteur et de mesure.

L'intervention de Calliclès se fait (en 481 c) au moment où Polos a fini par accorder qu'il est plus laid de commettre l'injustice que de la subir : le dialogue socratique est parvenu à dompter la sauvagerie de Polos, à le « civiliser », à substituer à l'homme de la nature l'homme de la convention ; c'est parce qu'il craint, par fausse honte, de dire ce qu'il pense qu'il donne, en définitive, son accord à Socrate.

Cette « fausse honte », cette « crainte », sont mises par Calliclès au compte de la jeunesse. Il en va de même dans le *Théétète*; Protagoras, dans le discours fictif qu'il prononce sous le masque de Socrate, accuse la jeunesse de Théétète qui l'aurait fait reculer devant l'argument redoutable : accorder, à la fois, qu'on peut savoir et ne pas savoir; reculer donc devant la nécessité de remettre en question la logique de l'identité et de la non-contradiction pour pouvoir défendre la « thèse » de Protagoras. Il contraint par là même Théodore à intervenir dans le jeu dialectique, Théodore qui jusqu'alors avait « résisté » à Socrate en invoquant son grand âge : telle est la ruse de Socrate. La « pudeur », la « honte », le respect de la raison et de la logique sont donc pour les sophistes des défauts de jeunesse : c'est pourquoi la philosophie convient à la jeunesse, et à la seule jeunesse. Paradoxe : c'est quand on n'ose pas encore dire ce qu'on pense vraiment, quand on n'ose pas encore aller jusqu'au bout de sa pensée parce qu'on est encore sous l'emprise de la morale, qu'il convient de philosopher. Car pour Calliclès l'éducation accomplit cela même : couper l'humanité de ce qu'elle peut, de la nature, de ses désirs grâce à un dressage moral. Le danger de l'éducation philosophique c'est qu'elle risque de maintenir l'homme dans un état d'éternelle jeunesse, de pervertir à jamais la jeunesse en enchaînant les désirs sous les lois du juste et du beau, en la forçant à renoncer à ce qui est l'indice même de la virilité, la satisfaction sans réserve des passions : « Nous façonnons les meilleurs et les plus vigoureux d'entre nous, les prenant en bas âge comme les lionceaux, pour nous les asservir à force d'incantations et de mômeries en leur disant qu'il ne faut pas avoir plus que les autres et qu'en cela consiste le juste et le beau. Mais qu'il se rencontre un homme assez heureusement doué pour secouer, briser, rejeter toutes ces chaînes, je suis sûr que, foulant aux pieds nos écrits, nos sortilèges, nos incantations, nos lois toutes contraires à la nature, il se révolterait, se dresserait en maître devant nous, lui qui était notre esclave et qu'alors brillerait de tout son éclat le droit de la nature. » (484 a.)

Inversion du mythe de la caverne : pour Calliclès c'est l'éducation philosophique qui enchaîne l'humanité en la détournant de la satisfaction naturelle des désirs ; qui la maintient fixée à un stade infantile, celui de la jouissance par la seule parole. La philosophie est une entreprise *perverse* qui contraint les hommes à rester au niveau du simple plaisir préliminaire. C'est la perversion de Socrate qui l'empêche d'être convaincu par Calliclès ; qu'il renonce à la philosophie, s'adonne à des tâches plus appropriées à son âge, notamment à la politique, il ne pourrait que devenir « raisonnable » et acquiescer aux positions de son adversaire.

Certes, à Athènes, la politique n'est pas indépendante de la parole : mais la parole n'est plus alors badinage ni bavardage : elle est sérieuse, affaire publique et non plus privée ; elle vise à réfuter l'adversaire, à l'emporter en puissance sur lui, à « avoir plus » que lui ; l'oralité qui se trouve alors en jeu est du genre « sadique ». C'est à ce stade sadico-oral qu'il faut, au moins, parvenir pour acquérir les vertus de l'homme politique et devenir un citoyen considéré, un homme et non plus un enfant : « La philosophie, Socrate, n'est sans doute pas sans charme, si l'on s'y livre, avec modération, dans la jeunesse. Mais si on y passe plus de temps qu'il ne faut, elle corrompt les hommes. Quelque bien doué que soit un homme, s'il continue à philosopher dans son âge mûr, il est impossible qu'il ne se rende pas étranger à toutes les choses qu'il faut connaître pour devenir un homme vertueux et considéré. » (484 cd.)

Si on s'y livre avec modération dans la jeunesse, la philosophie n'est pas sans charme, elle procure du plaisir : c'est pourquoi il est normal et naturel, alors, de philosopher. Mais continuer plus tardivement à philosopher, c'est pathologique, cela relève de la perversion : philosopher, quand on est adulte, c'est bégayer, être fou, au mieux ridicule. De toute façon, ce n'est pas être un homme, car se couper des plaisirs, de la satisfaction des passions, de la politique, de tout ce qui fait le sérieux de la vie, c'est se châtrer. Le philosophe qui prétend connaître les hommes, ne peut rien connaître de l'homme, puisqu'il n'est même pas un homme : « Il devient moins qu'un homme (*anandrô guenesthai*) à fuir toujours le cœur de la cité, les assemblées, où, comme dit le poète, les hommes s'illustrent, et, à faire le plongeon pour le restant de sa vie, babillant (*phithupizonta*) dans un coin avec trois ou quatre jeunes hommes, sans jamais faire entendre une parole libre, grande, généreuse. » (485 e.)

Même description du ridicule philosophique, de l'auto-castration du philosophe, dans le *Théétète* (173 d et sq.) : le philosophe, en danger, est incapable de se défendre devant les tribunaux : s'intéressant aux seules choses d'en haut il néglige ce qui se passe à ses pieds, et tel Thalès, il risque de tomber dans un puits et de prêter à rire à quelque servante thrace[2].

La philosophie n'est donc pas à exclure de l'éducation mais elle doit occuper la place délimitée par la nature elle-même et le plaisir qu'elle commande : « L'homme âgé qui continue à philosopher fait une chose ridicule, Socrate, et pour ma part, j'éprouve à l'égard de ces gens-là le même sentiment qu'à l'égard d'un homme fait qui bégaie et qui joue comme un enfant. » (485 b.)

---

2. *Note de la deuxième édition. Cf.* à propos de ces apories du philosophe, notre : *Comment s'en sortir ?*, Galilée, 1983.

« Chez un tout jeune homme, je goûte fort la philosophie : elle est à sa place et dénote une nature d'homme libre ; le jeune homme qui ne s'y adonne pas me semble d'âme peu libérale, incapable de viser jamais à rien de noble et de beau. » (485 c.)

Un enfant qui renoncerait à jouer, à satisfaire les désirs correspondants à ceux de son âge, qui ferait preuve d'un trop grand sérieux, serait inquiétant, étrange, fou : il imiterait seulement de façon perverse l'adulte, voire se moquerait de lui : il mériterait le fouet ! L'homme mûr, à son tour, qui imite, « fait » l'enfant, n'est pas seulement ridicule, il doit être traité comme l'enfant moqueur : il mérite le fouet lui aussi !

Mais pourquoi un enfant « pervers » mériterait-il d'être battu ? qui est ici pervers ? En tout cas, pour Calliclès, l'enfant ne saurait être, par nature un « pervers polymorphe ». Si la norme naturelle commande de satisfaire ses désirs, il convient d'ajouter : les désirs naturels à un âge déterminé. Mais qui décide ici du naturel, sinon une certaine convention concernant l'enfance, dont le propre serait, par exemple, de jouer, comme le propre, le naturel de l'adulte serait d'être sérieux ? Qui décide ici du partage entre le jeu et le sérieux, sinon déjà un ensemble de présupposés culturels ? Comment d'ailleurs, pourrait-on outrepasser l'ordre naturel, sinon par anomalie de nature, et, dans ce cas, pourquoi mériterait-on le fouet, par-dessus le marché ? Si Calliclès invite à battre l'enfant « pervers », n'est-ce pas parce que « déranger » l'ordre naturel implique une remise en question de l'existence d'un tel ordre, la possibilité, entre autres, qu'un enfant prenne la place du père, en « imitant », en s'identifiant à lui ? Pour les mêmes raisons le philosophe doit être battu : il n'est pas simplement ridicule ; en « imitant » l'enfant, il bouscule dangereusement les limites établies entre les âges, entre le jeu et le sérieux, le philosophique et le politique. Il efface l'idée d'un ordre naturel, d'un plaisir naturel à chaque âge. Il renverse la hiérarchie des valeurs jugée « naturelle », il met fin, notamment, à l'assimilation de la virilité et de la puissance politique. C'est en quoi il est dangereux, mérite le fouet, voire la mort. Devant le tribunal, Socrate ne sait pas se défendre. Il a la bouche ouverte, il est pris de vertige. Un tel homme qui ne peut se défendre, il faut le battre : « On a le droit de le souffleter impunément. » (486 c.)

La philosophie, si elle outrepasse les limites « naturelles », est nocive : elle conduit à la mort du désir, à la mort. Elle n'est pas à défendre, car à se défendre contre la vie, elle ôte toute défense.

## Le point de vue de Platon/Socrate : la philosophie interminable

Cependant l'argumentation de Calliclès n'atteint pas Socrate car « qui sait si vivre n'est pas mourir et si mourir n'est pas vivre ! Peut-être, en réalité, sommes-nous morts » (493 a).

Socrate opère un renversement complet des valeurs en introduisant une nouvelle conception de la nature. Notre « vraie » nature est la pensée ; notre « vraie vie » est celle du *noûs*. Philosopher, c'est tenter de retrouver cette véritable nature, de se souvenir de sa véritable parenté : ce qui ne peut advenir que si nous oublions l'autre nature, en mourant ici-bas au corps et à ses désirs. Dans cette perspective, la philosophie n'a pas d'âge, pas plus qu'elle n'occupe une place déterminée dans la cité : elle est atopique. L'âme du philosophe n'occupe aucun lieu, elle

« promène partout son vol » (*Théétète*, 173 d). On ne saurait ni commencer ni s'arrêter de philosopher, du moins en droit. Dans les mythes, notamment dans celui du *Phèdre*, l'âme philosophe avant même la naissance (son incarnation dans un corps de terre). Son occupation essentielle est alors de faire effort pour percevoir un « quelque chose de l'essence » ; elle philosophe également après la mort. L'immortalité de l'âme dit, mythiquement, l'immortalité de la pensée qui ne saurait s'arrêter de dialoguer : les dialogues platoniciens finissent toujours de façon contingente et, en général, les interlocuteurs se donnent rendez-vous pour recommencer le lendemain. Comme on a pu le dire de l'analyse, la réminiscence est une tâche interminable.

Si penser est le propre de notre nature, la jouissance qu'apporte la philosophie ne saurait être celle d'un plaisir préliminaire ; elle ne saurait être simple prélude aux satisfactions politiques. Elle est jouissance totale et la philosophie exige qu'on lui consacre toute sa vie, tout son loisir : rien ne saurait être plus urgent, plus sérieux qu'elle, même la vie : « Car la vie, sa durée plus ou moins longue ne méritent pas de préoccuper un homme vraiment homme (*Alethôs andra*). » (*Gorgias*, 512 e.)

La virilité ne réside donc pas dans la satisfaction des désirs : soumis à la mesure de la philosophie et non plus à celle d'un cuisinier à la tête d'un tribunal d'enfants, le ridicule n'est pas du côté des philosophes mais du côté des hommes politiques et des orateurs. Rira bien qui rira le dernier : « Lorsque, sur toutes ces questions, celui dont l'âme est petite, aiguisée, chicanière, est tenu de donner et défendre sa réponse, c'est alors son tour de payer le talion. La tête lui tourne, de cette hauteur où il est suspendu. […] Il est la risée alors, non point de femmes thraces ni de quelque autre gent inculte, incapable de sentir son ridicule, mais de tous ceux qui furent élevés au rebours d'une éducation d'esclaves. » (*Théétète*, 175 d[3].)

Néanmoins la philosophie ne saurait échapper au problème de l'âge ; si notre véritable nature est la pensée, celle-ci est d'abord méconnue comme telle, oubliée, car elle est devenue plus ou moins corporelle par son contact avec le sensible ; ce n'est que par une éducation appropriée que la partie divine de l'âme, le *noûs*, peut retrouver sa première place, la hiérarchie naturelle entre les trois parties de l'âme se trouver restaurée. L'éducation vise à instaurer la justice, à rendre à chaque partie la juste place qui lui revient, en subordonnant les *epithumia* au *noûs*, en développant le *thumos* dont l'aide est nécessaire pour renverser la tyrannie qu'exercent spontanément les *epithumia*. L'éducation est interminable, car les passions, comme Typhon relégué dans le Tartare par Zeus, peuvent bien être refoulées par l'intellect, elles ne peuvent jamais être étouffées, elles tendent toujours à réapparaître, à recouvrir de leurs clameurs la voix du logos et à occuper la première place. L'éducation doit donc être commencée au plus tôt, avant que la perversion ne soit irrémédiable, que la corruption de l'âme par le sensible ne soit telle qu'elle l'empêche à jamais de retrouver sa véritable parenté. L'éducation enfin doit être progressive : le passage du sensible à l'intelligible implique un renversement complet des évaluations spontanées, ce qui exige psychologiquement le temps de s'habituer aux nouvelles mesures.

Plusieurs métaphores, qui font système entre elles, décrivent la nécessité d'une telle éducation philosophique.

---

3. « Qu'il leur faille s'expliquer d'homme à homme sur les choses qu'ils blâment, qu'ils consentent à être braves, à tenir bon longtemps ou bien de lâchement s'enfuir : alors il est étrange de voir, excellent ami, comment ils en arrivent finalement, à ne plus trouver satisfaisants pour eux-mêmes leurs propres thèses : cette rhétorique fameuse s'en va, dirait-on, en langueur, et c'est d'enfants, au bout du compte, qu'ils font absolument figure » (*Théétète*, 177 b).

L'éducation consiste à faire passer l'*œil* de l'âme de l'*obscurité* de la caverne à la *lumière* du monde intelligible : si l'on ne veut risquer une ophtalmie, c'est progressivement, par étapes, qu'il faut habituer l'œil de l'âme, le *noûs,* à se tourner dans la bonne direction, à opérer la conversion de son regard. La conversion est nécessaire car si « un quelque chose de divin en nous ne perd jamais son pouvoir », il peut devenir nuisible ou utile selon l'orientation qu'on lui donne, c'est-à-dire selon qu'on le met au service du désir ou du Bien. Pour s'habituer, sans blessure, à regarder dans la bonne direction, il faut apprendre le prélude avant l'air même, apprendre les sciences avant de se livrer à la dialectique : les sciences par les contradictions qu'elles présentent à l'esprit, le forcent à réfléchir, à diriger l'œil de l'âme vers le haut : elles ont une valeur cathartique. Nécessité donc d'une éducation progressive : « Tout d'abord ce qu'il regarderait le plus facilement, ce sont les ombres, puis les images des hommes et des autres objets reflétés dans les eaux, puis les objets eux-mêmes ; puis élevant ses regards vers la lumière des astres et de la lune, il contemplerait pendant la nuit les constellations et le firmament lui-même, plus facilement qu'il ne ferait pendant le jour, le soleil et l'éclat du soleil. A la fin, je pense, ce serait le soleil, non dans les eaux ni les images reflétées sur quelque autre point, mais le soleil lui-même dans son propre séjour qu'il pourrait regarder et contempler tel qu'il est. » (*Rép. VII,* 516 a et sq.)

Regarder vers le haut, c'est à cela qu'il faut donc habituer l'âme ; dès la jeunesse il faut s'efforcer de la *dresser,* par l'éducation, comme on dresse le corps par la gymnastique. Ce dressage est toujours déjà redressage, car l'âme est toujours déjà abaissée, recroquevillée par son contact avec le sensible : pas de législation donc sans justice, pas de gymnastique sans médecine. L'érection définitive de l'âme n'est jamais assurée, car quelle que soit la beauté du naturel, demeurent toujours les risques de chutes, rechutes, de scolioses irrémédiables : maintiennent l'âme courbée vers le bas les lourdeurs de plomb que sont les festins du sensible, les banquets, les plaisirs qui coupent les ailes de l'âme et la rendent corporelle. Pour que les ailes de l'âme repoussent il lui faut renoncer aux nourritures terrestres au profit du nectar et de l'ambroisie, nourritures divines que sont les idées. Les nourritures sensibles rendent l'âme aussi méconnaissable que la statue de Glaucus le marin recouverte d'algues et de coquillages (*cf. Rép. X*). Pour éviter un tel recouvrement il faut dès l'enfance offrir à l'âme une nourriture appropriée à sa véritable nature : « Si dès l'enfance on opérait l'âme ainsi conformée par la nature et qu'on coupât si je puis dire ces masses de plomb qui sont de la famille du devenir et qui, attachée à l'âme, par le lien des festins, des plaisirs et des appétits de ce genre, en tournent la vue vers le bas ; si débarrassée de ces poids, on la tournait vers la vérité, cette même âme, chez les mêmes hommes, la verrait avec la plus grande netteté comme elle voit les choses vers lesquelles elle est actuellement tournée. » (*Rép.* 518 b.)

Il faut commencer l'éducation dès l'enfance, car bien que le « quelque chose de divin en nous ne perde jamais son pouvoir », le risque limite est celui d'une transformation totale, d'un devenir corps de l'âme qui conduit à la tyrannie : dans le mythe, cette métamorphose irrécupérable est dite par la réincarnation, à la deuxième génération, de l'âme du tyran, dans le corps d'un animal : châtiment suprême.

Telle est la raison, grave entre toutes, pour laquelle il faut philosopher dès la jeunesse et non parce qu'il serait ridicule, comme le pensent les sophistes, de philosopher à un âge mûr : ridicule pour un vieillard de se *mettre nu* devant plus jeune que lui, ridicule de se faire redresser par plus jeune que lui. Telle est l'argumentation de Théodore dans le *Théétète*, qui confondant philosophie et éristique, épousant le point de vue de Protagoras et de Calliclès, refuse de s'exposer dans sa nudité, d'entrer dans le jeu dialectique : Théodore craint les chutes humiliantes et de se faire battre par l'adversaire. Il demande d'assister, en voyeur, aux ébats d'autrui sans prendre sa part de risque. S'opposant en tous points à Théodore, Socrate demande à ses interlocuteurs, aussi jeunes soient-ils, de le redresser. La mise à nu, loin d'être dangereuse et humiliante, permet seule, parce qu'elle est dépouillement de tout vêtement sensible, de retrouver notre véritable nature, de nous connaître nous-mêmes : aussi bien le mythe du *Gorgias* indique-t-il que les âmes auront dans les Enfers à se présenter nues devant le tribunal suprême. Par son refus de mettre bas ses vêtements, par sa crainte d'être battu et humilié, Théodore, malgré son âge, se conduit comme un enfant. Tel un enfant, il compare Socrate à un voleur rusé, Skiron, qui tend les traquenards, parce que Socrate le détrousse de ses certitudes, le déloge de sa position assurée de spectateur. Il le compare au Géant Antée, invincible, reprenant force à chaque fois qu'il est terrassé... par un argument.

Contraint de participer au dialogue par la ruse socratique, Théodore néanmoins montre son affinité avec la rhétorique en demandant qu'on fixe à l'avance son temps de parole, comme s'il était possible de fixer d'avance un terme à la pensée sans la rendre du même coup corporelle, comme si la dialectique n'était pas un chemin impliquant tours et détours sans fin ! : « Je ne contredis plus : conduis-moi par les chemins que tu voudras. Il me faut en ce point subir entièrement la destinée que tu auras ourdie et supporter l'épreuve de ta critique. Mais au-delà du terme, par toi fixé d'avance, je ne saurais plus être à ta disposition. »

Si l'on se met à philosopher trop tard, au mieux fera-t-on comme Théodore : en accordant quelques instants à la pensée, on s'imaginera penser, se livrer à la réminiscence, alors qu'on ressassera seulement la parole des autres, et que toute sa vie on aura besoin de précepteurs, de pères, de maîtres. Philosopher un peu, ce n'est pas philosopher. Car ce peu n'est pas assez pour retrouver sa véritable parenté, échapper à l'esclavage, à la tyrannie, pour éviter que l'âme ne soit corrompue, ne dégénère, ne soit *malade* : cette nouvelle métaphore implique, elle aussi, la nécessité d'une éducation philosophique entreprise au plus tôt, entendue comme médecine de l'âme. Violence de la philosophie à la mesure de celle qu'offre l'attrait du sensible : c'est au fer et au feu de la dialectique qu'il faut livrer l'âme malade pour qu'elle soit débarrassée des masses de plomb qui la clouent au corps et l'empêchent de se ressouvenir d'elle-même comme pensée. « Réponds hardiment Polos ; tu n'en recevras aucun dommage ; livre-toi courageusement à la raison comme à un médecin » (*Gorgias*, 475 d.) « Quand je considère le résultat auquel aboutissent les gens de cette sorte, je les comparerais volontiers à un malade qui, souffrant de mille maux très graves, parviendrait à ne point rendre ses comptes aux médecins sur ses maladies et à éviter tout traitement, craignant comme un enfant l'application du fer et du feu, parce que cela fait mal [...]. C'est sans doute qu'il ne saurait pas le prix de la santé et d'une bonne constitution. A en juger par les principes que nous avons reconnus sains, ceux qui cherchent à ne pas rendre de compte à la justice, Polos, pourraient bien être également des gens qui voient ce qu'elle comporte de douloureux, mais qui sont aveugles sur ce qu'elle a d'utile et qui ne savent pas combien plus lamentable est la compagnie d'une âme malsaine, c'est-à-dire corrompue, injuste envers les dieux et les hommes, que celle d'un corps malsain. » (*Gorgias*, 479 a et sq.)

Guérir, c'est mourir au corps et à ses désirs (afin qu'ils disparaissent même de nos rêves [*cf. Théétète*, 174 c]) pour naître à la vie véritable. Guérir, c'est abandonner les vils flatteurs qui appartiennent à la famille du devenir pour retrouver sa véritable parenté : « Crois-tu que ce qui arrive aux jeunes dialecticiens soit surprenant ? [...] Ils sont, repris-je, dans le cas d'un enfant supposé, nourri au sein des richesses, dans une famille nombreuse et considérable, au milieu d'une foule de flatteurs, et qui, arrivant à l'âge d'homme, s'apercevrait qu'il n'est pas le fils de ceux qui se disent ses parents et ne pourraient retrouver ses parents véritables. Peux-tu deviner quels seraient ses sentiments à l'égard de ses flatteurs et de ses prétendus parents, et avant qu'il eût connaissance de sa supposition, et après qu'il en serait instruit ? [...]. Nous avons dès l'enfance, sur la justice et l'honnêteté des maximes qui, comme des parents, ont formé nos esprits, et que nous avons l'habitude de suivre et de respecter [...]. Il y a aussi d'autres maximes opposées à celles-là, maximes séduisantes qui flattent notre âme et l'attirent à elles mais qui ne persuadent pas les hommes tant soit peu sages, car ce sont ces maximes paternelles qu'ils honorent et qu'ils suivent [...]. Mais [...] quand il ne reconnaîtra plus le prix de ces choses et leur parenté avec son âme et que d'autre part il ne trouvera pas ce qu'il en faut croire, à quelles maximes de conduite se rangera-t-il naturellement sinon à celles qui le flattent ? » (*Rép. VII*, 539 a.)

La dialectique est une mise à l'épreuve de notre naturel : sa mise à la question permet de détecter si nous avons abandonné ou non notre famille véritable. La maïeutique, l'accouchement des idées, est toujours suivie d'une *scène d'exposition* qui décide de la légitimité ou de la bâtardise de nos conceptions, et qui, en conséquence décide de leur vie et leur mort, de la nécessité de nourrir le nouveau-né ou de le laisser mourir. La métaphore de

l'accouchement implique elle aussi une prise en considération de l'âge : l'accoucheur doit, pour pouvoir accou-
cher les autres, être devenu lui-même stérile : avoir l'âme
vide de toute science, hormis celle de son inscience. Si la
médiation du philosophe est nécessaire à l'accouchement
ce n'est pas pour « féconder » l'âme de l'interlocuteur en
y déversant quelque savoir, c'est parce que l'accouché ne
peut par lui-même décider de la viabilité de sa progéni-
ture, qu'il tend toujours, parce qu'il en est la mère/le
père, à vouloir conserver en vie son enfant, à croire qu'il
est le plus beau des enfants, qu'il est un enfant légitime.
Parce que l'accouché ignore, quant à lui, sa véritable
parenté, la médiation du philosophe est nécessaire : la
médiation de soi à soi ne peut se faire que par l'intermédiaire d'une âme-miroir qui nous est apparentée et dans
laquelle nous pouvons nous reconnaître. Dès le début le
*Théétète* insiste sur la ressemblance corporelle et spirituelle de Théétète et de Socrate : Socrate est comme le
double de Théétète, double plus âgé, favorable, qui lui
permet par l'image qu'il lui offre, d'accéder à lui-même
après s'être débarrassé des opinions qu'il imaginait illu-
soirement être siennes. Son double le délivre de ce qui
encombre sa mémoire afin qu'il puisse se livrer à la réminiscence. Pour que l'accouchement donne naissance à de
beaux enfants il faut que le commerce philosophique
unisse des âmes qui présentent une affinité essentielle.
Mimant la poursuite érotique, le philosophe est à la
recherche d'une âme appropriée à la sienne, une âme à
laquelle il puisse s'unir pour enfanter dans la beauté :
dans la forme du mythe, le *Phèdre* décrit chaque âme
humaine comme un char déterminé qui suit un char divin
qu'il vise à prendre comme modèle. Or là encore, poursuite amoureuse et accouchement doivent commencer dès
la jeunesse, de peur que le poursuivi, corrompu par le
sensible, ne se méprenne, tel Alcibiade, sur les intentions

de Socrate, ne sache plus deviner derrière la laideur du corps la beauté de l'âme, ne puisse plus comprendre que c'est la vacuité de l'âme, et non l'inverse, qui est signe de plénitude[4].

La poursuite doit commencer avant que le poursuivi en soit venu à tuer père et mère comme le lui recommandent les vils flatteurs, à vivre en orphelin, se prostituant dans les tribunaux, prêtant oreille à n'importe quel orateur, à vivre en étant inapte à donner vie à son tour, enfantant seulement des apparences vaines et mensongères. Contrairement à ce qu'affirme Calliclès, l'éducation selon la nature ne permet pas d'élever l'enfant à l'âge adulte, de le rendre « viril » : elle contribue seulement à le maintenir dans l'état d'enfance, privé de ses parents, de ses tuteurs, entouré de vils flatteurs qu'il honore comme ses parents et qui le conduisent à sa perte :

« [les orateurs] courent après la faveur populaire [...]. Ils sacrifient l'intérêt public à leur intérêt privé et [...] ils traitent les peuples comme des enfants auxquels ils veulent plaire avant tout, sans s'inquiéter de savoir s'ils les rendent meilleurs ou pires par ces procédés. » (*Gorgias*, 502 e.)

Livré dès le jeune âge, aux tribunaux ou à l'éducation sophistique, telle une plante trop tendre manquant de ce tuteur qu'est la loi du juste et du beau, l'enfant court le risque de se rabougrir, de se recroqueviller et de ne plus jamais pouvoir regarder vers le soleil. Dans l'obscurité de la caverne, il peut seulement s'étioler et mourir.

« Ils ne sont jamais que des esclaves plaidant devant leur maître commun [...]. Toutes ces épreuves tendent leurs énergies, aiguisent leur finesse, les rendent savants aux paroles qui flattent le maître, aux manières de faire qui l'enjôlent, leur font des âmes rabougries et tordues ;

---

4. *Cf.* notre *Comment s'en sortir ?*, *op. cit.* (*Note de la deuxième édition.*)

croissance, rectitude, liberté, tout jeunes, l'esclavage les leur enleva, les contraignant aux pratiques dangereuses, jeta en si graves dangers et si graves craintes leurs âmes encore tendres que n'y pouvant opposer le juste et le vrai comme support, c'est tout droit au mensonge, aux réciprocités d'injustices qu'ils se tournent et ainsi se courbent et se recroquevillent. Aussi n'y a-t-il plus rien de sain en leur pensée quand leur adolescence se termine en virilité et que leur malice et leur sagesse est parfaite à ce qu'ils croient. » (*Théétète*, 172 c.)

Ces diverses métaphores impliquent toutes que notre véritable nature est un principe divin, inaltérable, éternel, le *noûs* : que la philosophie, en tant qu'exercice de cette partie divine est *en droit* sans âge, éternelle : mais aussi qu'il y a *de fait* nécessité au plus tôt d'une éducation philosophique, progressive, sous peine de recouvrement et de dégénérescence du bon principe.

Pourtant ce qui doit être commencé dès l'enfance c'est l'apprentissage du courage et des divers sciences, prélude à la dialectique, plutôt que l'air lui-même, la dialectique.

La position de Calliclès est renversée, la dialectique est, pour les adolescents, dangereuse : le « charme » du jeu dialectique est de nature sadique, le plaisir de la parole est celui de contredire, de déchirer l'adversaire. Pour les adolescents, le plaisir de l'emporter surpasse celui de chercher la vérité : la dialectique se transforme en une éristique où le moyen est pris pour la fin, fait *oublier* la fin. Le jeu dialectique fait oublier le sérieux de la vérité au profit d'un tout autre sérieux : obtenir la première place dans la course au pouvoir. Le mythe du *Phèdre* décrit les cochers en train de *se disputer* à qui passera le premier en finissant, dans leurs querelles, par oublier le but même de leur course : la montée vers le ciel intelligible.

Oublier la philosophie pour la dispute et à force de disputer, perdre toute croyance, sombrer dans le scepticisme ; oublier père et mère, ne plus reconnaître la valeur de la loi et du bien, tels sont les risques qu'encourt l'adolescence qui trop tôt se livre à la dialectique ; et couronnant tous les autres, le risque de tyrannie : perversion radicale des valeurs, perte radicale de l'humain par perte de la reconnaissance en nous du divin. Le tyran est l'inverse même du Bien : comme lui, mais en sens inverse, il est hors ligne, au plus bas, inatteignable, car incurable même par la dialectique qui dès lors ne saurait lui servir de châtiment salvateur. C'est plus un animal qu'un homme, comme à l'autre extrême le Bien est plus proche de la divinité que de l'humanité.

L'adolescent qui abuse de la dialectique se comporte, lui aussi, davantage comme un animal : il est semblable à un jeune chien : « Tu n'es pas sans avoir remarqué, je pense, que les adolescents qui ont une fois goûté à la dialectique en abusent et s'en font un jeu, qu'ils ne s'en servent que pour contredire, qu'à l'exemple de ceux qui les confondent, ils confondent les autres à leur tour, et que semblables à de jeunes chiens, ils prennent plaisir à tirailler et à déchirer avec le raisonnement tous ceux qui les approchent : c'est pour eux un plaisir sans pareil. » (*Rép. VII*, 539 c.) « Le jeune homme se jette d'abord lui-même plus qu'aucun autre dans l'embarras et il embarrasse ensuite tous ceux qui l'approchent. Il ne fait quartier ni à son père ni à sa mère ni à ceux qui l'écoutent. » (*Philèbe*, 15 d.)

« Après avoir souvent confondu leurs contradicteurs ou avoir été souvent confondus eux-mêmes, ils en arrivent rapidement à ne plus rien croire de tout ce qu'ils croyaient auparavant, et par suite eux-mêmes et avec eux toute la philosophie se trouvent décriés dans l'opinion publique. » (*Rép. VII*, 532 c.)

Comme un jeune chien, l'adolescent l'est aussi, car il est prêt à mordre quiconque veut le déposséder de « ses » idées : comme une jeune accouchée entre en fureur si elle se sent menacée en son premier enfant, l'adolescent qu'on cherche à délivrer devient furieux, car il est attaché de façon viscérale, voire anale, à « ses » idées qui, de fait, sont seulement des idées reçues, étrangères à lui-même, car étrangères au logos : « Ils sont prêts à mordre dès la première niaiserie que je leur enlève. Ils ne s'imaginent pas que c'est par bienveillance que je le fais. » (*Théétète*, 151 d.)

« L'enfantement achevé, il nous faut procéder à la fête du nouveau-né et véritablement promener tout alentour notre raisonnement pour voir si ce ne serait point, à notre insu, non pas produit qui vaille qu'on le nourrisse mais rien que vent et mensonge, ou bien penserais-tu qu'à tout prix il le faille nourrir parce que tien et ne le point exposer ? Supporterais-tu, au contraire, qu'on en fasse la critique sous tes yeux sans entrer en colère au cas où ton premier rejeton te serait enlevé ? » (*Théét.*, 161 a.)

Exemple d'un adolescent confondant philosophie et éristique : Polos. Si Calliclès lui reproche d'être encore trop jeune pour oser braver toute fausse honte, Socrate met au compte de sa jeunesse son impatience, son manque de mesure et de douceur nécessaires à l'entretien dialectique ; *neos te kai oxus* — dit de lui Socrate. Il ne sait ni écouter les autres ni répondre aux questions qu'on lui pose, car il n'écoute que lui-même, c'est-à-dire son maître Gorgias ! Il parle trop vite, coupe la parole aux autres, manque d'attention à l'autre, car il manque de présence à soi, à la raison, écoutant ses seuls désirs et sa mémoire. Aussi bien, en guise d'arguments n'offre-t-il que des épouvantails. Si Polos possède la vivacité d'esprit, qualité du naturel philosophique, il manque de sa contre-partie : la douceur et la pondération ; sans doute n'a-t-il pas assez cultivé la musique. A l'opposé de Polos, Théétète possède toutes les qualités du naturel philosophique, a été soumis aux sciences du prélude, à la musqiue et à la gymnastique. Courageux, géomètre, il est l'interlocuteur idéal, qui accepte qu'on le débarrasse de ses premiers enfants, fruits de l'ensemencement de Protagoras. S'il avait vécu plus longtemps, Théétète serait devenu philosophe...

Parce que de la dialectique, il peut donc être tiré un autre plaisir que celui qui a son origine dans la recherche de la vérité — un plaisir qui relève davantage des pulsions de mort que d'Eros —, Platon en exclut-il l'usage pour la jeunesse qui ne saurait qu'en abuser, en mésuser. Il faut que le *noûs* soit d'abord soutenu et fortifié par des tuteurs pour qu'il ne confonde pas éristique et philosophie, ne se laisse pas séduire par le devenir fou où tout n'est que dispute et violence.

« Arrivé à un âge plus mûr [...] on imitera plutôt celui qui veut discuter pour rechercher la vérité que celui qui, par plaisir, s'amuse à contredire, et, se montrant soi-même plus mesuré on fera respecter la profession du philosophe au lieu de l'exposer au mépris. [...] Il ne faut admettre aux exercices de la dialectique que des esprits mesurés et fermes, et qu'au rebours de ce qui se fait aujourd'hui, il ne faut pas en laisser approcher le premier venu qui n'y apporte aucune disposition. » (*Rép.* 539 d.)

Une sélection sévère fondée sur une série d'épreuves étalées dans le temps détermine en définitive quels sont les esprits assez fermes et mesurés capables de se livrer sans danger à la philosophie : sans doute l'apprentissage des sciences du prélude doit-il être commencé au plus tôt, elles sont aptes à donner à l'âme « un puissant élan vers la région supérieure », elles « ravivent en chacun de nous un organe de l'âme gâté et aveuglé par les autres occupations ».

Mais ce n'est qu'à cinquante ans que ceux qui auront

traversé positivement toutes les épreuves[5], se seront distingués en tous points à « la fois dans les travaux et dans les sciences », pourront enfin parvenir à « ouvrir l'œil de l'âme et à élever leurs regards vers l'être qui donne la lumière à toute chose » ; ils pourront alors consacrer la plus grande partie de leur temps à la philosophie prenant successivement, à tour de rôle, le commandement de la cité.

Platon précise que tout son discours concernant l'éducation des hommes vaut aussi bien pour les femmes...

La confrontation des points de vue opposés de Calliclès et de Socrate, tributaires tous deux d'une scission radicale entre la philosophie et « la vie », apprend qu'on ne saurait décider de « l'âge » de la philosophie sans une réflexion préalable sur la finalité de la philosophie et sur son rapport aux désirs et au politique. Cette réflexion, manque la plupart du temps : il semble aller de soi que nous savons tous ce qu'est la philosophie, que nous en avons tous la même conception ; croyance qui relève déjà d'une philosophie bien déterminée.

Le problème de la « maturité » de l'élève n'est jamais uniquement celui de la maturité de son intelligence.

---

5. Une première sélection choisit d'abord ceux qui sont bien conformés d'âmes et de corps, les plus beaux, les plus fermes, les plus courageux, ceux qui ont des dispositions naturelles appropriées à l'éducation philosophique : les vieillards sont d'emblée exclus. On sélectionne les plus braves en conduisant les enfants à la guerre. Dès l'enfance on fait étudier les sciences du prélude, en leur donnant une forme attrayante. Suit une éducation strictement gymnique, à l'issue de laquelle se fait une sélection parmi les jeunes gens parvenus à la vingtième année et où leur sont présentées dans leur coordination les sciences enseignées pêle-mêle dans l'enfance ; il s'agit alors d'une épreuve décisive : détecter ceux qui sont capables d'une vue d'ensemble, capables donc de devenir dialecticiens. Troisième sélection à trente ans : durant cinq ans on « éprouve » par une pratique de la dialectique ceux qui sont capables de s'élever par la pensée seule jusqu'à l'être même ; puis pendant quinze ans leur sont données dans l'État, des fonctions destinées à éprouver leurs résistances aux tentations du sensible (*cf. Rép. VII*, 535 a et sq.).

Socrate et Calliclès ont au moins ceci de commun : ils reconnaissent que la dialectique procure un plaisir spécifique lié aux pulsions sadico-orales que recouvre l'autre plaisir, plaisir plus noble, de chercher la vérité ; ce plaisir de triompher de l'adversaire, de le déchirer, introduit déjà dans la philosophie une jouissance de type politique. Dès lors, si l'on veut séparer radicalement le philosophique du politique, l'âge de la maturité devient le moment où le plaisir le plus archaïque est suffisamment refoulé ou sublimé pour laisser place à une recherche philosophique authentique : tel est le point de vue de Platon. Retarder au maximum le moment proprement philosophique, pour être assuré que nulle autre voix que celle de la vérité ne se fasse entendre. Le long « prélude » qui précède l'air lui-même est une véritable catharsis, une ascèse devant aboutir à la castration définitive des désirs. Dans une telle perspective il est bien évident que la « maturité » ne saurait être atteinte dans aucune classe du secondaire : le lycée devrait se borner aux sciences du prélude, ce qui impliquerait néanmoins que tout l'enseignement ait une finalité philosophique, soit apprentissage de la mort. Si, au contraire, avec Calliclès, l'on pense que le moment privilégié est celui où la dialectique procure du plaisir, alors « la maturité » correspond à l'adolescence : mais la philosophie n'a plus alors comme finalité de chercher la vérité, de garantir les valeurs du bien, du juste et du beau, de la loi paternelle et maternelle ; au contraire, elle correspond à un âge sceptique et sa visée est bien la destruction d'un certain ordre politique. Dans une telle perspective, deux conséquences possibles : ou bien la philosophie est un simple prélude éducatif à la politique, c'est la solution de Calliclès ; ou bien elle a un rôle préventif et purgatif : philosopher dans la jeunesse, assouvir les besoins de « destruction », cela permet de passer la crise de scepticisme de l'adolescence et d'éviter ultérieurement les révolutions politiques. La classe de philosophie serait alors un moindre mal. La notion de « maturité » de l'intelligence sert alors de couverture à une politique conservatrice.

En tout cas, il est impossible de séparer la notion de « maturité » d'une certaine visée politique et d'un certain lien de la philosophie au plaisir et aux désirs.

Si l'on reconnaît plus ouvertement, comme le fait Nietzsche, que l'on ne saurait séparer le philosophique du pulsionnel et du politique ; qu'il ne saurait y avoir une recherche désintéressée de la « vérité », que la volonté de vérité est elle aussi volonté de puissance et la vérité position d'une certaine perspective, celle qui voit le monde renversé, alors on ne saurait plus poser le problème de la « maturité » en ces termes platoniciens dont a été tributaire toute la tradition philosophique ultérieure. On ne saurait plus vouloir reculer au plus tard le moment de philosopher dans l'espoir d'une purification radicale. Si la philosophie consiste à débusquer les désirs à l'œuvre dans tout discours, à se demander à quelle morale, à quelle politique veut en venir tel et tel écrit « théorique », alors elle devrait et pourrait être commencée bien avant la « Terminale » : la « maturité » dans ce cas, ne serait peut-être pas affaire d'intelligence mais dépendrait du degré de refoulement des désirs. De même qu'est possible une psychanalyse d'enfants très jeunes, de même ne serait pas impossible un « enseignement » philosophique dès le plus jeune âge. A condition d'une certaine « adaptation ». Mais personne n'a jamais prétendu transporter l'enseignement actuel, sous sa forme actuelle, de la Terminale à des classes d'âge moins avancé : on n'enseignerait, dans cette nouvelle perspective, ni la « même » chose, ni sous la même forme. Ni peut-être sous le même nom. En tout cas, si un tel enseignement se dénommait encore philosophie, il ne pourrait plus dissimuler ni ses enjeux pulsionnels ni ses enjeux politiques.

# TABLE DES MATIÈRES

185

# DANS LA MÊME COLLECTION

Jean-François Lyotard
*Instructions païennes*

David Cooper
*Qui sont les dissidents*

Jean Baudrillard
*L'effet Beaubourg*

Paul Virilio
*Défense populaire et luttes écologiques*

Yvon Bourdet
*L'espace de l'autogestion*

Jean-Marie Touratier
*Le stéréotype*

Pierre Jakez Hélias
*Lettres de Bretagne*

Colette Petonnet
*On est tous dans le brouillard*

Collectif
*Stratégies de l'utopie*

Serge Doubrovsky
*Parcours critique*

Louis Janover
*Surréalisme, art et politique*

Jalil Bennani
*Le corps suspect*

Suzanne Roth
*Les aventuriers du XVIII<sup>e</sup> siècle*

Roselène Dousset-Leenhardt
*La tête aux antipodes*

Jean Oury
*Onze heures du soir à La Borde*

Collectif
*Analyse de l'idéologie, I*

Jean Lohisse
*Communication et sociétés*

Fernand Deligny
*Les enfants et le silence*

Louis Sala-Molins
*Le dictionnaire des inquisiteurs*

Jacqueline Rousseau-Dujardin
*Couché par écrit*

Jean Borie
*Mythologies de l'hérédité au XIX<sup>e</sup> siècle*

Patrick Lacoste
*Il écrit*

Jean Baudrillard
*Simulacres et simulation*

Collectif
*Les fins de l'homme*

Claude Durand
*Chômage et violence*

Collectif
*Le semblant*

Sarah Kofman
*Le respect des femmes*

Dominique Viart
*L'écriture seconde*

Colette Pétonnet
*Espaces habités*

Jean-Luc Nancy
*Le partage des voix*

Collectif
*Le champ du laboureur*

Sarah Kofman
*Comment s'en sortir ?*

Sarah Kofman
*Un métier impossible*

Jacques Derrida
*D'un ton apocalyptique
adopté naguère en philosophie*

Collectif
*Analyse de l'idéologie, II*

Luce Irigaray
*La croyance même*

Sarah Kofman
*Nietzsche et la métaphore*

Sarah Kofman
*Lectures de Derrida*

ACHEVÉ  D'IMPRIMER  EN  JANVIER  1984
SUR LES PRESSES JUGAIN IMPRIMEUR S.A.
A ALENÇON (ORNE)
DÉPÔT LÉGAL : JANVIER 1984
N° ÉDITION : 261